Klaus Jungk

Musik im technischen Zeitalter

Buchreihe des SFB 11

Herausgegeben vom Sender Freies Berlin

Klaus Jungk

Musik im technischen Zeitalter

Von der Edison-Walze zur Bildplatte

Haude & Spenersche Verlagsbuchhandlung Berlin

Mit 27 Abbildungen

1. Auflage

Printed in Germany

Gesetzt aus der Borgis Folio Grotesk auf 11 Punkt

Umschlag und Einband: Förtsch – von Baumgarten, Berlin

Satz und Druck: Otto v. Holten, Berlin

ISBN 3 7759 0149 3

Inhaltsverzeichnis

Vorwort

Fast hundert Jahre sind es her, daß es durch die Edison-Walze erstmals gelang Musik auf mechanische Weise aufzuzeichnen und wiederzugeben. In unseren Tagen nun werden wir Augenzeugen einer mechanischen Wiedergabe von farbigen Bildern mit Ton durch die Bildplatte.

Seinen fünfzigsten Geburtstag konnte inzwischen der Rundfunk feiern. Das Magnetophon steht im 35. Lebensjahr.

Ebenso alt ist das Fernsehen. Der Film kann auf siebeneinhalb Jahrzehnte zurückblicken, der sogenannte Tonfilm auf viereinhalb Jahrzehnte.

Das Audio-Zeitalter währt also schon ein knappes Jahrhundert, das Video-Zeitalter ein dreiviertel Jahrhundert. Vom audiovisuellen Erleben spricht man jedoch erst seit einigen Jahren.

Technische Phänomene haben auf schöpferische Künstler seit eh und je anregend gewirkt. Die Manipulierbarkeit von Klang und Musik entfachte einen Rausch von Begeisterung. In der westlichen Welt hißten die Begründer einer Geräuschmusik die Fahne des musikalischen Futurismus. In der östlichen Welt brachte der erste kurze künstlerische Aufschwung nach der russischen Revolution eine Humanisierung von Technik und Maschine. Seit den zwanziger Jahren entstanden zahllose »Maschinen-Musiken«. Die heutige Avantgarde bedient sich nicht nur technischer Begriffe, sie schafft ihre Werke oft genug in technisierten Herstellungsverfahren.

Die nachschaffenden Künstler tasteten sich allmählich an das Musizieren für die Technischen Mittler heran, studierten die neuen Wirkungsmöglichkeiten und machten sie sich künstlerisch wie finanziell zunutze.

Die Techniker, die die neuen Verfahren entdeckt und entwickelt hatten, dachten nicht an eine neue Kunst oder ans große Geschäft, sie strebten danach, möglichst naturgetreu abzubilden was an Klang und Bild in der Welt war.

Einleitung

Allgegenwart von Musik

Die Massenmedien Rundfunk, Film, Fernsehen sind heute ohne Musik nicht mehr denkbar, ebenso wie Musik ohne Schallplatte, Tonband, Lautsprecher, tönende Leinwand und Bildschirm kaum noch vorstellbar ist. Musik hat damit eine Verbreitung und Allgegenwart erreicht, die die großen Meister der Vergangenheit nicht ahnen konnten und die zu Beginn unseres Zeitalters der technischen Revolution auch nicht vorauszusehen war.

Frühe Kommunikationsmittel

Jede Zeit schuf sich ihre Kommunikationsmittel. Musik war in ihrem Ursprung nichts anderes als Mitteilung, allerdings anderen Inhalts als das Wort. Ihre Entstehung ist sagenumwoben, ihre Wirkung magisch, ihre Entwicklung langsam und traditionsgebunden. Die erste bildliche Fixierung von Musik als Notation erfolgte im griechischen Altertum, wesentlich später als die Darstellung der Sprache. Auch der Notendruck hinkte der Erfindung des Buchdrucks über ein halbes Jahrhundert nach. Seit 1440 ermöglichte das Vervielfältigungsmittel des Notendrucks die Hochentwicklung unserer abendländischen Musik in der gegenseitigen Anregung der Schulen und Nationen und in der Weiterführung der erreichten Techniken und Wirkungen. Die Notwendigkeit der klanglichen Ausführung des fixierten Notenbildes band die Musik an bestimmte Stätten und Gelegenheiten. Musizierende wie Zuhörende bildeten dabei eine Gemeinde, die sich zeitlich, örtlich und erlebensmäßig einstellte.
Der Komponist schrieb seine Werke für den Ort der Auf-

führung und berücksichtigte die akustischen Gegebenheiten des Raumes (Freiluft-, Kirchen-, Kammermusik). Er dachte an die vorhandenen Instrumente, den Anlaß des Musizierens, und er schrieb für den Geschmack seiner Hörer. Aus diesem Zusammenwirken – Hans Pfitzner nannte es den Dreiklang der Erstehung des musikalischen Kunstwerks – entwickelte sich unser abendländisches Musikleben, formten sich Modelle des Schaffens und Hörens, entstanden Zentren des Musizierens. Es bildete sich der fruchtbare Gegensatz von Schöpfer und Publikum. Der Aufstieg von Interpret und Dirigent begann, der Kritiker schaltete sich dazwischen – »taste maker« nennt ihn der amerikanische Musikologe Henry Lang. Der Musikbetrieb mit Management und Startum ist der Endpunkt dieser Entwicklung.

Konservierte Musik

Mit der Erfindung der Schallaufzeichnungs- und Schallübertragungsverfahren änderten sich diese Verhältnisse. Musik ließ sich nun klingend konservieren. Ob es dazu ähnlicher Sterilisationsprozesse wie bei der Haltbarmachung von Nahrungsmitteln bedarf, werden wir später noch sehen. Auf jeden Fall ging aber der bisherige Standort der Musik verloren, die Bindung an Raum, Gesellschaft und Anlaß entfiel. Zwar konnten Schallplatte und Rundfunk auf einige bewährte Klangmodelle und Werkformen zurückgreifen, die der Hörer vielleicht zum Teil noch orten konnte, aber mit der zunehmenden Verbreitung des Rundfunks, der wachsenden Zahl der Programme, der Möglichkeit, fremde Rundfunkstationen zu empfangen, wurde das Musikangebot von der exotischen Folklore bis zum progressiven Jazz, von der alten Musik bis zur experimentellen Moderne so groß und so vielfältig, daß eine erlebnismäßige Einstellung auf das jeweilige Programm nur noch wenigen möglich ist. Für den Interpreten gilt Ähnliches, soweit es sich nicht um Konzertübertragungen

handelt. Er musiziert ohne direkten Kontakt zu seinem Publikum, ja er weiß nicht einmal, ob er überhaupt Zuhörer hat, auf deren Eigenart und Erlebnisbereitschaft er sich einstellen könnte. Der fruchtbare Gegensatz von Schöpfer und Publikum wurde damit unterbrochen. Der Komponist seinerseits wußte nicht mehr recht, für welchen Zweck, für welchen Hörer er schreiben sollte. Symptomatisch war auch, daß es eine ernsthafte Kritik der Musik im Rundfunk in der Tagespresse nicht gab und noch heute nicht gibt. Auch die heute sehr zahlreichen Schallplattenbesprechungen sind oft weniger Kritik als Ankündigung. Das Vorhandensein von Musik im Äther war nun dabei, ein neues und ein anderes Publikum zu gewinnen. Für diejenigen, die früher Musikerlebnisse in Konzert, Oper oder Operette suchten, ergab sich die bequeme Wiederholbarkeit und die beliebige Ausweitung durch den Spaziergang auf der Wellenskala des Rundfunkgeräts oder das gezielte Studium der Rundfunkprogramme in den Tageszeitungen oder Programmzeitschriften. Außerdem boten sich natürlich auch die reichhaltigen Schallplattenkataloge an. Der Konzertbetrieb büßte bei all dem nichts ein. Das rein klangliche Erfassen von Musik hielt aber auch viele am Lautsprecher fest, die bislang keine Konzerte besuchten und nun zum Teil völlig unvorbereitet auf Musik stießen. Ob dadurch die Zahl der Konzertbesucher oder Theatergänger vermehrt wurde, wird sich statistisch nur schwer feststellen lassen. Die Massenmedien Rundfunk und Schallplatte vergrößterten also seit Jahren ständig das Musikpublikum. Das wiederum brachte Aufgaben auch für die lebenden Komponisten, die nun nach neuen Klangmodellen und nach einem neuen Publikum suchten. Der amerikanische Komponist Aaron Copland schrieb in den dreißiger Jahren: »Ein völlig neues Publikum versammelte sich um das Radio und den Plattenspieler. Es hat keinen Sinn, es zu ignorieren und weiter zu komponieren, als ob es nicht existierte.«
Während die Schallplattenfirmen aus kommerziellen Er-

wägungen ihr Angebot an Musikliteratur zwischen Bildung, Unterhaltung und Schlager vorlegten und dem Schallplattenfreund die Auswahl überließen, ähnlich wie die Buchverlage dem interessierten Leser, so entwickelte sich der Rundfunk über den Mittler hinaus zur kulturellen Institution.

Hintergrundmusik

In den optischen Medien spielte die Musik zunächst nur eine untergeordnete Rolle. Bei dem Primat des Visuellen konnte von einem Standort der Musik, einer Bindung an Raum, Gesellschaft und Anlaß im Sinne der Tradition nicht die Rede sein – es sei denn, eine bestimmte Zeit oder eine bestimmte Gesellschaft sollte durch die ihr gemäße musikalische Stilfarbe verdeutlicht werden. Musik diente also der Illustration.
Formen der Programmusik boten sich als klangliche Untermalung von Stimmungen an. Werke des Musikrepertoires wurden nach Klangfarbe, Gefühlsgehalt, Spannungsdichte als Begleitmusiken für den Stummfilm ausgesucht, eigene Kompositionen entstanden. Der Tonfilm drängte die Musik anfangs wieder zurück. Tausende von Musikern verloren ihre berufliche Existenz. Die Entdekkung des synchronen Tones zum Bild gab dem Geräusch und dem Wort auf Kosten der mittlerweile hochentwickelten Bildvision und der begleitenden Musik breitesten Raum. Dafür erwuchsen der Musik jedoch mit der Zeit andere Aufgaben, die sie zwar dem Optischen untergeordnet, aber dramaturgisch wirksam werden ließen. Ernst Krenek schrieb 1949 über die Situation in Hollywood: »Unter den Ingredienzien, die in einen Film eingehen, ist Musik scheinbar ebenso nebensächlich wie notwendig, gleichzeitig beunruhigend und rätselhaft, da sie technisch anspruchsvoll und unverständlich ist.«
Für Komponisten und Musiker gab es wieder Aufgaben und Existenzmöglichkeiten. Besonders im Ausland waren

sich große Musiker nicht zu schade – oder lag es am Weitblick der Produzenten? –, derartige dienende Musiken zu Filmen zu schreiben, die auch oft unabhängig vom Film Bestand gewannen.

Fotografierte Musik

Im Fernsehen hatte die Musik zunächst ähnliche Funktionen wie im Film als Hintergrundmusik, Pausen- und Schlußmusik und in Musikeinlagen bei szenischen Werken und Shows. Opern- und Operettenfilme, die zwar in der Frühzeit des Films als geschlossene Werke entstanden, aber bald filmischen Bearbeitungen wichen, fanden im Fernsehen wieder legitimen Platz. Die »Unnatur« des musikalischen Theaters, die durch die Filmleinwand vergröbert wurde, erschien auf dem kleineren Bildschirm offensichtlich gemildert; die Musik, im Film auf sekundärer Ebene, trat gegenüber dem Fernsehbild mehr hervor. Der Ballettfilm konnte als Filmballett einigen Erfolg erringen, im Fernsehen mußten dagegen neue Formen der Adaptation gefunden werden. Es bleibt noch die »fotografierte« Musik – wie im Jargon der Praktiker fälschlich gesagt wird –, das Agieren der Solisten, Ensembles, Orchester, Sänger und Chöre in Kirchen oder Konzertsaal oder auch vor dem neutralen Hintergrund eines Aufnahmestudios. Man könnte fragen: Also zwei Schritte zurück vom Fernsehen über den Rundfunk zum Konzerterlebnis? Das Bild wird hier sekundär, Raum und Anlaß zum Musizieren können wieder spürbar werden und die Gesellschaft durch das anwesende Publikum auch. Da das Fernsehen, an Auge und Ohr gewandt, die Aufmerksamkeit stärker absorbiert, mag die Einsamkeit des Beschauers und der private Lebenskreis weniger trennend in Erscheinung treten als beim Rundfunkhören.
»Das Fernsehen erzeugt« – wie Rolf Liebermann, Intendant der Hamburgischen Staatsoper sagte – »mit der Zeit ein Masseninteresse an der Kunst, die bisher nur relativ

kleinen Schichten zugänglich war, und führt sogar dem traditionellen Kunstbetrieb neue Publikumsschichten zu.«
Man kann heute Musik aller Gattungen auf verschiedenste Weise konservieren, man kann sie in beliebiger Zahl und an beliebigem Ort reproduzieren, man kann sie über weiteste Entferungen mit Lichtgeschwindigkeit transportieren. »Everywhere there's music« heißt es in einem amerikanischen Schlager, und »das macht die Musik zur höchsten und zur gemeinsten aller Künste«, schrieb einer der führenden Musikverleger unserer Zeit, Ernst Roth. All das ist das Ergebnis technischer Revolutionen, die wir miterleben.

Mechanische Musikinstrumente – Musikautomaten

Musik und Technik sind nun nicht erst heute Partner oder Gegenspieler geworden. Die geistigen Auseinandersetzungen mit der Technik gehen durch die Jahrhunderte hindurch. Eine chinesische Legende berichtet von dem sprechenden Kasten, der Sprache aufbewahrte und beim Öffnen wiedergab. Jean Paul beschrieb in seiner Satire »Auswahl aus des Teufels Papieren« einen Maschinenmann, der mit Würfeln komponierte.
Heron von Alexandria konstruierte um 200 v. Chr. eine Wasserorgel. Drehleiern wurden seit 1 000 n. Chr. bekannt. Mechanische Instrumente wie Trommelwerke und Flötenuhren wurden später zu Musikautomaten vervollkommnet. Der Mechaniker Jacob de Vaucanson erfand eine Langspielwalze, die er Friedrich dem Großen vorführte. Johann Nepomuk Mälzel, als Erfinder des Metronoms bekannt, baute das Orchestrion. Kein geringerer als Ludwig van Beethoven komponierte dafür Wellingtons Sieg bei Vittoria. Mälzels Instrument war Vorläufer unseres elektrischen Klaviers, der Welteorgel und schließlich der Jukebox.

Synthetische Musik

All dieser technische Fortschritt, der in der Idee manche Entwicklung unseres Jahrhunderts vorwegnahm, hat das Instrumentarium und die Ausdrucksmöglichkeiten der Musik erweitert. Die Musikautomaten blieben allerdings im Klang einseitig und dem Mechanischen noch eng verhaftet. Der große Sprung nach vorn war noch nicht gelungen, er blieb der Schallplatte und dem Tonband vorbehalten. Die Reihe der mechanischen Instrumente, die über die elektrischen in die elektronischen auslief, fand ihre Fortsetzung in der synthetischen Musik. Da ist zunächst die konkrete Musik zu nennen. Henri Moles, Pierre Schaeffer waren ihre Schrittmacher. Sie arbeiteten mit Geräuschen und Klängen. Tonband, Verstärker, Lautsprecher sind ihre Werkzeuge. Das auf eine derart montierte und manipulierte »Musik« geschaffene Ballett »Symphonie pour un homme seul« von Maurice Béjart wurde bei seiner Uraufführung 1955 ein Erfolg. Die elektronische Musik war konsequenter, sie stellte das Klangmaterial synthetisch im Tongenerator her und verarbeitete es dann.
In zahllosen Studios überall in der Welt entstehen heute elektronische Realisationen. Von Karlheinz Stockhausens »Gesang der drei Jünglinge im Feuerofen« erschien 1957 eine der ersten Schallplatten elektronischer Musik.
Während bei den Musiksynthetisatoren der Komponist noch die Bestandteile ausarbeiten muß, entwickelt der Computer auf elektronischem Wege Stile und übernimmt Klangsynthese und Notendruck. Es gibt heute bereits eine stattliche Anzahl derart entstandener Computermusik, die von Unterhaltungsstücken über das Streichquartett bis zur höchst komplizierten Computerkantate reicht.

Neue Kompositionstechniken

Auch auf die Kompositionsverfahren wirkte das technische Denken ein. Von Joseph Haydn und Wolfgang Amadeus

Mozart gibt es musikalische Würfelspiele. Die von J. M. Hauer erfundene und von Arnold Schönberg weiter entwickelte Methode der »Komposition mit 12 Tönen« mag technischer Denkungsart entsprungen sein. Olivier Messiaen entwickelte seinen »Mode de valeurs et d'intensités«, der Tonhöhen, Tondauer, Dynamik und Anschlagsart sowie die rhythmische Struktur in einem Zahlenverhältnis ordnet. Boris Blacher entwickelte sein System der Komposition mit variablen Metren. Eine Vielzahl neuer Begriffe in der Neuen Musik entstammt technisch-mathematischen Disziplinen.
Die Komplizierung und Technisierung der Kompositionsverfahren führte zu Versuchen, das Notenbild neu zu gestalten. Es entstand eine verwirrende Fülle neuer Symbole, die schließlich zu einer Art musikalischer Graphik führte.

Musik und Technik

Von Pfitzners Dreiklang der Erstehung des musikalischen Kunstwerks gelangten wir zu Kompositionsmethoden, die – wie Ernst Krenek es ausdrückte – »der psychologischen Mechanik des Einfalls mißtrauen und sich lieber auf Zufälligkeiten sozusagen zweiter Ordnung verlassen, wie sich diese aus einem wie immer entwickelten, vorgegebenen Reihensystem ergeben.«
Von der Allgegenwart der Musik durch die Massenmedien gingen wir aus und endeten bei Bestrebungen, die Technischen Mittler zu selbständigen musikalischen Medien werden zu lassen.
Der Musikliebhaber kann sich heute mit Hilfe von Platte und Tonband – und auch schon mit dem Video-Recorder – seine eigenen Programme zusammenstellen. Die Zeit ist abzusehen, in der er sich aus vorgegebenen Klangmaterialien Tonbilder eigener Wahl »komponiert«. Die technische Entwicklung der Massenmedien hat mit der Einführung der Stereophonie, des Farbfernsehens und der

Bildplatte einen gewissen Abschluß gefunden. Die wirtschaftliche, politische und gesellschaftliche Nutzung ist im Fluß – die künstlerischen und ästhetischen Werte und Wirkungen sind schwer überschaubar geworden.

Anfänge der Technischen Mittler

Von der Notenschrift zur Tonschrift

Alle bildhafte Darstellung von Musik konnte und kann nur Surrogat bleiben. Das flüchtige Klanggewebe läßt sich nur klingend voll erfassen.
Um das zu verwirklichen, gab es drei Probleme zu lösen: das der Aufnahme, der Speicherung von Musik und das der Wiedergabe. Die Idealvorstellung, alles auf einmal zu bewältigen, wurde erst spät Tatsache. Zunächst wurden getrennte Wege beschritten.
Wie wir bereits hörten, war man schon verhältnismäßig früh in der Lage, auf mechanische Weise Klänge und Musik hervorzubringen und auch automatisch mit Hilfe von Stiftwalzen ablaufen zu lassen, also zu speichern. Aber das umfassendste Instrument, das Orchestrion, vermittelte eben nur den Klang eines Orchestrions und nicht den eines Orchesters.
Um 1850 gelang es dem Physiologen Johannes Müller in Bonn, einem präparierten Kehlkopf durch Anblasen und mechanische Steuerung der Muskulatur Melodien zu entlocken. Das waren bedeutende Fortschritte, Musik wiederzugeben. Mit der Aufnahme ging es jedoch nur langsam voran. Es gelang wenigstens, den Schall erst einmal abzubilden.
Kurz bevor Thomas Alva Edison seinen Phonographen konstruierte, legte der französische Dichter Charles de Cros der Pariser Akademie der Wissenschaften die Beschreibung seines Parléophons vor, eines Gerätes mit einer Walze aus Wachs, die Schallwellen aufnehmen und wiedergeben sollte.
Was Charles de Cros theoretisch beschrieben hatte,

setzte Thomas Alva Edison in die Tat um. Nachdem ihm der Versuch gelungen war, Sprache auf einem Wachspapierstreifen zu speichern und durch Vorbeiziehen am Stichel der Membran, mit der er sie aufgezeichnet hatte, wieder hörbar zu machen, ließ er 1877 durch seinen Mitarbeiter John Kruesi seinen ersten Phonographen bauen. Die Chronisten berichten, daß er vor den Augen seiner erstaunten Zuhörer das Kinderlied »Mary had a little lamb« in den Trichter sang und bei nochmaligem Durchdrehen der Walze wieder ertönen ließ. Die erste Klavieraufnahme für den Phonographen machte Harriet Hadden-Atwood, die in Amerika hoch geachtet wurde und 1970 im Alter von 105 Jahren verstarb.
Erstaunlich früh erkannte Edison die Tragweite seiner Erfindung. Sein in der North American Review vom Juni 1878 veröffentlichtes Zehnpunkteprogramm sah ihren Weg als Technischer Mittler voraus:

1. Aufnahme von Briefen und aller Arten von Diktaten ohne Hilfe eines Stenographen;
2. Phonographische Bücher, die ohne weiteres zu Blinden sprechen können;
3. Sprachunterricht;
4. Wiedergabe von Musik;
5. Klingendes Familienarchiv – eine Sammlung von Aussprüchen, Erinnerungen usw. von Familienmitgliedern in eigener Stimme und die letzten Worte von Sterbenden;
6. Musikboxen und Spieldosen;
7. Uhren, die mit deutlicher Stimme mitteilen, wann es Zeit ist, nach Hause zu gehen, Mahlzeiten einzunehmen usw.;
8. Festhalten des richtigen Akzents verschiedener Sprachen;
9. Hilfsmittel für den Unterricht, um die Erklärungen des Lehrers dem Schüler jederzeit verfügbar zu machen;
10. Anschluß an das Telephon, damit dessen flüchtige Mitteilungen für immer aufbewahrt werden können.

1887 meldete der gebürtige Hannoveraner Emil Berliner in Washington sein Grammophon als Patent an. Während beim Edison-Phonographen die Schallaufzeichnung auf eine rotierende Walze und in die Tiefe erfolgte, wurde sie bei Berliners Grammophon auf eine sich drehende Scheibe in seitlicher Bewegung ausgeführt.
Das Grammophon wurde aber erst konkurrenzfähig, als statt der Zinkplatten Hartgummi- und später Schellackplatten verwendet wurden und Elridge Johnson 1896 ein Uhrwerk konstruierte, das die bisherige Handkurbel ersetzte. Damit war die mechanische Schallaufnahme, Speicherung und Wiedergabe zu einem Abschluß gekommen. Erst ein Vierteljahrhundert später löste das elektrische Aufnahme- und Wiedergabeverfahren, das parallel mit dem Rundfunk entwickelt wurde, die akustische Periode der Schallplatte ab.

Schallplattenfirmen – Schallplattenherstellung

Das Geschäft mit der Schallplatte begann. Im letzten Jahrzehnt des vergangenen Jahrhunderts überstürzten sich die Firmengründungen. Ein harter Konkurrenzkampf tobte zwischen den Unternehmen und den Verfahren – Phonograph contra Schallplatte –, der jedoch bald zugunsten der Schallplatte entschieden wurde. Die Firma »Odeon« in Berlin-Weißensee brachte übrigens 1904 die erste doppelseitig bespielte Platte heraus. Im ersten Jahrzehnt unseres Jahrhunderts stellten sich die Firmen von der Walze auf die Schallplatte um, Pathé im Jahre 1907 und die amerikanische Columbia schließlich 1912, die einst mit der Massenproduktion der Walzen angefangen hatte. Das technische Verfahren wurde verbessert. Die Schallplatten liefen bis zu vier Minuten statt der anfänglichen ein bis anderthalb Minuten. Edisons Versuch, eine Langspielwalze herzustellen, mißlang. Der starre Schneidestichel wurde durch eine schwingende Nadel ersetzt. Für die Aufnahmen wurden nun massive Wachsplatten benutzt, die nach dem

Bespielen durch Behandlung mit Graphit leitend gemacht wurden. Davon konnte im galvanischen Prozeß ein Kupferabzug hergestellt werden, von dem dann alle weiteren Platten gepreßt wurden. Im Prinzip hat sich dieses Verfahren bis heute nicht verändert.

Die akustische Aufnahme selbst war – im Gegensatz zu der späteren elektrischen – recht einfach. Als Aufnahmestudio genügte ein kleiner Raum mit einem Klavier. Der Sänger mußte in den Aufnahmetrichter hineinsingen, das Klavier erhielt bisweilen einen zweiten langarmigen Schalltrichter. Brauchbare Orchesteraufnahmen kamen erst nach längeren Erfahrungen zustande. Die Instrumente wurden terrassenförmig um einen Schalltrichter gruppiert. Die natürliche akustische Perspektive eines Orchesters war damit nicht zu erhalten. Das Wichtigste war, die Melodiestimmen nahe an den Trichter heranzubekommen, damit genügend Lautstärke zur Aussteuerung des Schneidestichels vorhanden war. Der Klang wurde dadurch flach, entbehrte jeden Raumeindrucks.

Thomas Mann schrieb im Kapitel »Fülle des Wohllauts« seines Romans »Der Zauberberg« über die Wirkung des Grammophons der damaligen Zeit: »Natürlich war es nicht so, wie wenn eine wirkliche Kapelle im Zimmer hier konzertiert hätte. Der Klangkörper, unentstellt im übrigen, erlitt eine perspektivische Minderung; es war, als ob man ein Gemälde durch ein umgekehrtes Opernglas betrachtete, so daß es entrückt und verkleinert erschien, ohne an der Schärfe seiner Zeichnung, der Leuchtkraft seiner Farben etwas einzubüßen.«

Dem akustisch-mechanischen Verfahren waren Grenzen gesetzt, die viele Künstler lange Zeit abschreckten und auch das verwöhnte Publikum zurückhielten. Trotzdem wurden von Anbeginn an Phonographenwalzen und Schallplatten in Massen verkauft. Um 1900 sollen in Deutschland bereits mehr als zwei Millionen »Tonkonserven« – die Amerikaner nannten es »canned music« – verkauft worden sein. Und die Phonographische Zeitschrift, die im August 1900 erstmals erschien, schwärmte: »Denken wir daran, wie wertvoll es für die Musikgeschichte sein würde, wenn wir heute die griechische Musik so hören könnten, wie sie seinerzeit ausgeführt wurde, daß wir die verschiedenen Musikinstrumente jener Zeit, den Gesang, die Volkslieder usf. heute hören könnten genau mit derselben Treue, als ob sie uns heute vorgespielt würden. Oder, wenn wir eine Jenny Lind, nachdem sie gestorben, doch noch hundert und tausend Jahre singen hören könnten, gleich als ob sie noch lebend unter uns weile!«

Schallplattenhersteller als künstlerische Unternehmer

Wie sah nun das erste Repertoire der Schallplatte aus? Viele Jahre hindurch produzierten die Firmen sowohl die Apparate als auch die bespielten Walzen und Platten dafür. Um ihre Geräte bekannt zu machen, stellten sie sie auf Jahrmärkten oder in Vergnügungsparks auf oder richteten Salons zum Abhören ein. Die Schallplattenbars in den Musikgeschäften von heute sind nichts anderes. Was aus dem Schalltrichter oder den Ohrschläuchen tönte, mußte für jedermann verständlich und attraktiv sein.
So holte sich die »Columbia Company« für ihr »Improved Graphophone« Schaubudenkünstler. Auf den Wachswalzen der »Nickel-in-the-slot-machines« waren der Kunstpfeifer Billy Golden mit seiner Erfolgsnummer »Mocking Bird«, die United States Marine Band mit Märschen von ihrem Dirigenten John Philip Sousa zu hören. Ein Katalog der Columbia aus dem Jahre 1891 zählt über 80 Titel auf. Len Spencer wurde mit Negro-Songs, Kinderliedern und Limericks der erste amerikanische Walzenstar. Er holte Ada Jones vor den Phonographen, die mit ihren sentimentalen Balladen nicht weniger Erfolg als Spencer hatte.
Edison schickte seine Agenten mit dem Phonographen durch die Welt, um einzufangen, was sie nur konnten. Am 26. 7. 1882 wurde von der Uraufführung von Wagners

Bühnenweihfestspiel »Parsifal« im Festspielhaus Bayreuth eine Walzenaufnahme gemacht. Ein halbes Jahrzehnt später spielte Hans von Bülow, gefeierter Virtuose und berühmter Dirigent des ausgehenden 19. Jahrhunderts, einige Chopin-Mazurken und Johannes Brahms einen Ungarischen Tanz für den Phonographen. Brahms schrieb darüber an die befreundete Clara Schumann: »Wir leben jetzt im Zeitalter des Phonographen, und ich hatte Gelegenheit, ihn oft und behaglich zu hören. Du wirst genug über das Wunder gelesen haben oder es dir beschreiben lassen; es ist wieder, als ob man ein Märchen erlebe.«
In New York nahm sich Gianni Bettini des Phonographen an, erhielt ein Patent auf seinen Mikro-Phonographen und machte Aufnahmen mit den Stars der Metropolitan Opera. Er konnte 1899 einen umfangreichen Katalog seiner Wachszylinder herausgeben. Geraldine Farrar, Marcella Sembrich, Nellie Melba waren darin zu finden.
Emil Berliner verpflichtete für seine Schallplattenproduktion Fred W. Gaisberg, dessen Eltern aus Deutschland ausgewandert waren wie Berliner selbst. Gaisberg hatte Klavier spielen gelernt und sich damit sein Geld verdient. Mit Märschen und Volksliedern begann Gaisberg seine Produktion. Er reiste durch die Welt, um überall internationale Stars aufzunehmen. Fünf große Kisten mit den Aufnahmeapparaturen und ein Faß Ätznatron begleiteten ihn, wie die Chronisten berichten. 1901 kam er nach Rußland. Durch Beziehungen zu dem russischen Schallplattenproduzenten Pan Rappaport gelang es Gaisberg, Fjodor Schaljapin zu Aufnahmen zu bewegen. Sieben Titel werden unter den »Historical Records« verzeichnet. Rappaports Idee war es, die Platten auch äußerlich attraktiv zu machen, ihnen ein Etikett zu geben. Das schien ihm für seine Petersburger vornehme Kundschaft notwendig. So gehörten die Schaljapin-Platten zu den ersten der Red-Label-Serie.
In Petersburg waren übrigens von der dortigen Gramophone Gesellschaft schon Opernaufnahmen gemacht wor-

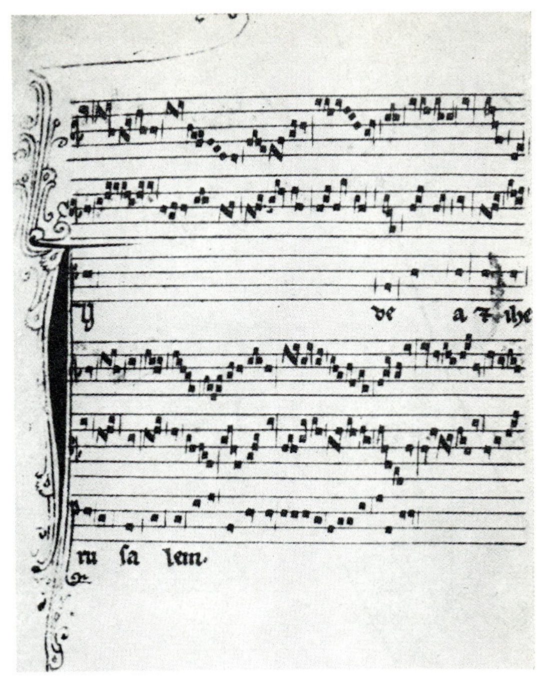

1. Organum von Perotin, Handschrift von 1099

2. Fastnachtslied von Orlando di Lasso, Erstdruck der »Newen Teutschen Lieder« – München 1547

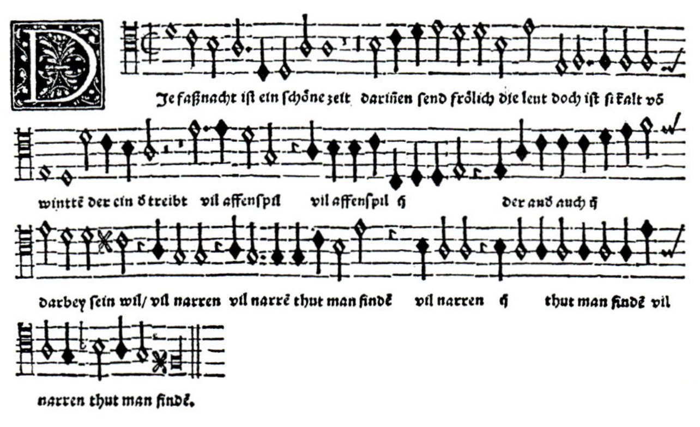

3. 5. Symphonie 1. Satz von Ludwig van Beethoven

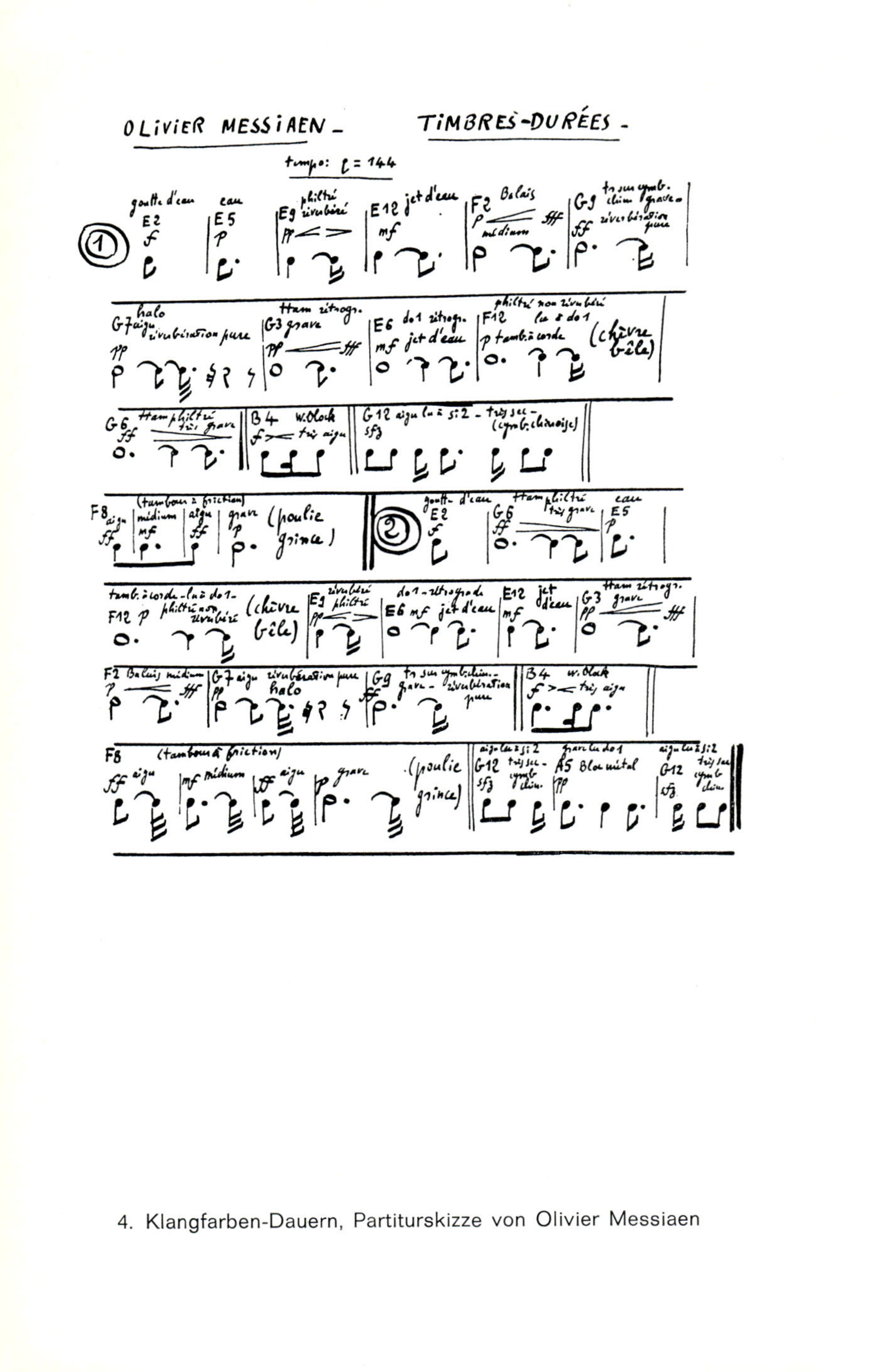

OLIVIER MESSIAEN – TIMBRES-DURÉES –

tempo: ♪ = 144

4. Klangfarben-Dauern, Partiturskizze von Olivier Messiaen

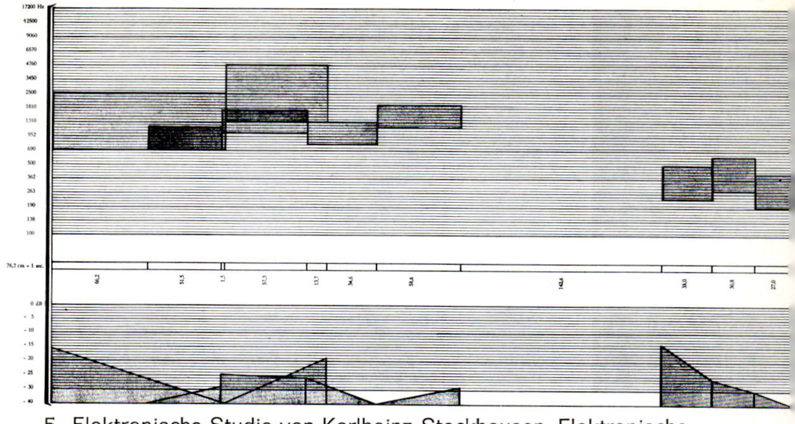

5. Elektronische Studie von Karlheinz Stockhausen, Elektronische Partitur

6. »Odyssee« von Logothetis, Graphische Partitur

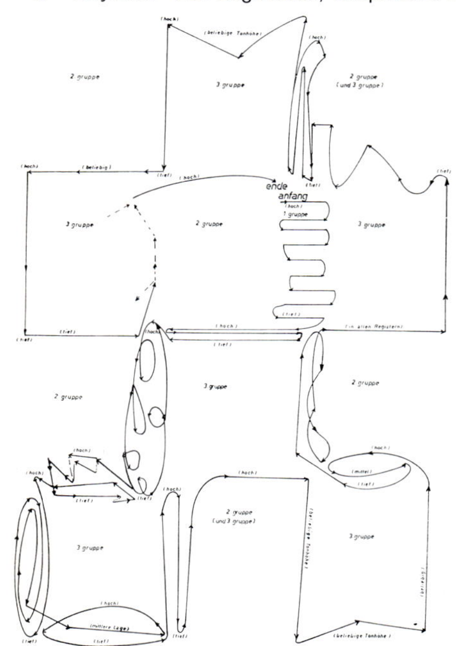

den. Die Sopranistin Medea Mei-Figner hatte die Arie der Lisa aus Peter Tschaikowskijs Oper »Pique-Dame«, die sie bei der Uraufführung 1890 in Petersburg gesungen hatte, auf Platte aufgenommen.
Fred Gaisberg setzte seine Reise fort. 1902 kam er nach Mailand, wo er mit Enrico Caruso handelseinig wurde. In wenigen Stunden sang Caruso mit der Klavierbegleitung von Maestro Cottone zehn Arien aus dem großen Opernrepertoire.
Wir wollen nun die Zeit noch einmal zurückdrehen und nach Paris gehen, wo die Brüder Charles und Emile Pathé ihr Glück mit dem Phonographen versuchten. Sie stellten auf Märkten und Plätzen Phonographen auf, um deren Hörschläuche sich die Menge drängte. Und sie produzierten, was ihnen dafür geeignet erschien: Komiker, Bauchredner, Chansonetten, Primadonnen, Heldentenöre, Geiger waren die bevorzugten Künstler. 1899 richteten die Brüder Pathé ihren »Salon du Phonographe« auf dem Boulevard des Italiens ein. Das Geschäft blühte. Die Firma Pathé war die erste, die die Millionenauflage in Europa überschritt. Ivette Guilbert, der Star des Moulin Rouge sang ihre gewagten Chansons für Pathé. Die Mistinguette, Josefine Baker, Lucienne Boyer, Edith Piaff, Aristide Bruant, den ehemaligen Rollkutscher, der sein eigenes Cabarett »Le Mirliton« auf dem Montmartre eröffnete – sie alle erhielten die Brüder Pathé, die den gallischen Hahn als Firmenzeichen wählten, der Nachwelt. In Paris hatte übrigens die Sopranistin Mary Garden kurz nach der Uraufführung der Oper »Pelléas et Mélisande« von Claude Debussy ein Fragment aus dem Werk aufgenommen. Debussy selbst begleitete Mary Garden am Klavier und war des Lobes voll über die Schallplattenaufnahme.
Neben den Gesangsaufnahmen entstanden natürlich auch Instrumentalaufnahmen. Trompete und Posaune eigneten sich von Anfang an gut wegen ihres durchdringenden Klanges, Streichinstrumente kamen schlecht durch, auch das Klavier klang anfangs unvollkommen. Zur Begleitung

konnte man es aber nicht entbehren. Nebenstimmen wurden gern durch ein Kornett ersetzt, statt eines Chores mußten eine oder wenige Stimmen genügen.
Namhafte Instrumentalsolisten wagten sich deswegen nur zögernd an den Schalltrichter heran. Um 1910 begann man mit Orchesteraufnahmen zu experimentieren. Bruno Seidler-Winkler probierte die richtige Aufstellung der Instrumente aus, er arrangierte die Stücke so um, daß sie auf der Platte die rechte Wirkung bekamen. Die Kontrabässe wurden durch Tuben ersetzt, die Violoncelli durch Fagotte, die Violinen durch sogenannte »Stroh-Violinen«, eine Erfindung, die anstelle des Resonanzkörpers einen Schalltrichter verwendete. So produzierte er Ouvertüren, Teile aus Opern und Symphonien. Außerdem mußte natürlich gekürzt werden, da die Laufdauer der Platte 4 Minuten nicht überschritt. Den Durchbruch für die Aufnahme von Orchesterwerken brachte 1911 Arthur Nikischs Entschluß, Ludwig van Beethovens Fünfte Symphonie mit den Berliner Philharmonikern aufzunehmen. Nach und nach wurde nun das ganze beliebte Orchesterrepertoire produziert: Franz Schuberts »Unvollendete Symphonie« wurde eine begehrte Platte, Jean Sibelius' »Finlandia« wurde auf 8 Minuten gekürzt, die Brüder Pathé begannen 1913 neun Opern in Ausschnitten aufzunehmen.
Auch die Dirigenten legten ihre Zurückhaltung ab, und die Namen der großen Meister des Taktstocks waren nun auf den Etiketten der Schallplatten zu finden: Thomas Beecham, Richard Strauss, Hans Pfitzner usw.
Die Operette, um die Mitte des vergangenen Jahrhunderts in Wien und Paris aus Singspiel, Komischer Oper, Tanz und Unterhaltung entstanden, hatte um die Jahrhundertwende ihre Geburtsorte, das Paris Jacques Offenbachs und das Wien Franz von Suppés und Johann Strauß', verlassen. Mit Franz Lehár, Oscar Straus und Leo Fall wurde sie weltläufig. Und die Melodien aus Wien und Berlin, aus London und Budapest und die Namen ihrer Interpreten wurden durch die Schallplatte weltbekannt: Mizzi

Günther, die erste Lustige Witwe in der Uraufführung 1905 in Wien, Louis Treumann, der erste Danilo und Alexander Girardi, unvergessen durch das Hobellied aus Ferdinand Raimunds »Der Verschwender«.
Fritzi Massary betörte die Wiener mit ihrem ersten Chanson »Ich hab' amal a' Räuscherl g'habt« und die Berliner mit dem Couplet »Im Liebesfalle, da sind sie alle ein bißchen tralala«.
Giampietros großer Erfolg war das Lied vom Gardeoffizier mit dem Refrain »Donnerwetter, tadellos« von Paul Lincke.
Der erste Weltkrieg brachte eine neue Note in Schlager- und Plattengeschäft, das patriotische Lied. »It's a long way to Tipperary« klang es aus England, »Es braust ein Ruf wie Donnerhall« aus Deutschland, »Bring back the Kaiser to me« hieß eine amerikanische Aufnahme.
In Amerika war um 1890 in New Orleans im Zueinander der verschiedenen rassischen und musikalischen Gruppen der Jazz entstanden. Rasch breitete er sich über den Kontinent aus. 1917 wurde das Vergnügungsviertel von Storyville auf behördliche Anordnung geschlossen. Im gleichen Jahr wurden im Victor-Studio in New York die ersten Jazzplatten aufgenommen. Die »Original Dixieland Jass Band« spielte den »Livery Stable Blues« und den »Dixie Jass-Band One Step«. Dominick La Rocca blies das Kornett. Nicht viel später wird die Aufnahme des »Tiger Rag«, der die Band in Kürze weltberühmt machte, entstanden sein. Die neuen Namen, die bald folgten, waren Louis Armstrong, Bix Beiderbecke und zu Beginn der zwanziger Jahre Kid Ory, King Oliver, Jelly Roll Morton mit ihren Creole Jazz Bands. Ein Emigrant aus Deutschland, Otto Heinemann, gab in Amerika den Farbigen die große Chance der Schallplatte, er kreierte die »Race-Records«. Sie machten die Namen der schwarzen Musiker und ihre Musik bekannt und brachten viel Geld ein.

Reputation der Schallplatte

Emil Berliners Voraussage bei der ersten Vorführung seines Grammophons 1888 im Franklin Institut in Philadelphia, daß prominente Sänger, Sprecher und Schauspieler durch den Verkauf ihrer »Phonoautogramme« zu einem Tantiemeneinkommen gelangen könnten, war innerhalb weniger Jahrzehnte in Erfüllung gegangen. Nicht nur Tantiemen, sondern Vermögen wurden verdient, sowohl von den Künstlern wie auch von den Gesellschaften. Len Spencer hatte einst 10 Cents für jede besungene Walze bekommen, Enrico Caruso forderte für 10 Arien 100 Pfund Sterling, Frieda Hempel erhielt 500,– Mark pro Titel, Francesco Tamagno war der erste, der Tantiemen auf die verkauften Platten verlangte.
Seit Enrico Caruso und Fjodor Schaljapin Platten besungen hatten, war das neue technische Medium gewissermaßen gesellschaftsfähig geworden. Die Schallplatten und Phonographenwalzen wurden nicht mehr in Spielwarengeschäften oder Fahrradläden, sondern beim Musikalien- oder Instrumentenhändler verkauft. Um 1905 gab es die einseitig bespielte Schallplatte schon ab 2,50 Mark zu kaufen, einige Jahre später wurde sie noch billiger, um die ausländische Konkurrenz auszuschalten. Der Preis richtete sich nach dem Künstler, der sie bespielt hatte. Eine Edison-Walze hatte 1890 nur 50 Cents gekostet.
Von 1910 an trugen alle Schallplatten Etiketten. Was vorher um das Mittelloch herum eingraviert war, wurde nun mehr oder weniger kultiviert einem werbewirksamen Aufkleber anvertraut. Die Firmenzeichen wurden zum Begriff, das Red Label zur Qualitätsmarke. Kataloge gab es seit 1890. Zwei Jahrzehnte später umfaßte der Red-Seal-Katalog (Book of the Opera) mehrere hundert Seiten und war mit Bildern illustriert. Auch gab es schon mehrere Versionen der gleichen Stücke. Von der »Wahnsinnsarie« aus G. Donizettis »Lucia di Lammermoor« existierten 1912 sechs Fassungen. War nun Wirklichkeit geworden, was

die Phonographische Zeitung in ihrer ersten Nummer von 1900 erträumte? Techniker und Mechaniker waren im Sog ihrer Erfindungen zu Impresarios geworden. Th. A. Edison interessierte sich notgedrungen für Musik. Emil Berliner machte im Anfang selbst Musik und war zur Hälfte Künstler. E. R. Johnson, der die Idee mit dem Uhrwerk gehabt hatte, besaß das richtige Gefühl für die Musiker und die Musik, die ihm Geld einbrachten. Gianni Bettini liebte die Musik und wurde nicht reich durch sie. Für Geschäftsleute wie Pan Rappaport wurde Musik zur Ware, mit der man handelte und die den Einsatz lohnte. Fred Gaisberg, Landon Ronald, Umberto Giordano, Bruno Seidler-Winkler waren Musiker, die um den Technischen Mittler Schallplatte rangen. Die Grenzen des akustischen Verfahrens waren gesetzt, sie konnten sie nicht sprengen, wohl aber sich innerhalb der gegebenen Möglichkeiten um die Musik bemühen. Joseph Szigeti, der als 16jähriger 1908 die ersten Soloaufnahmen gemacht hatte, sagte 1943: »Manche alte Platten halten der Prüfung auch heute noch stand. Es gibt einen Klangcharakter, den man ›phonogenisch‹ nennen könnte, eine Art plastischer Artikulierung einer Phrase oder Passage, die auf der Platte gut ›kommt‹.« Trotz Kürzungen der Musikstücke und trotz Umarrangierens der Partituren hatten sich die Großen des Musiklebens bereitgefunden, ihre Kunst den Platten anzuvertrauen. Und für ein gewaltiges neues Publikum war das, was aus dem Trichter tönte, vollgültige Musik. Als Anfang der zwanziger Jahre die ersten Rundfunksendungen begannen, glaubte man, daß das Ende der Schallplatte gekommen sei.

Vom Telephon zum Rundfunk

1881 wurde in Paris eine telephonische Übertragung aus der Großen Oper veranstaltet. Zehn Jahre später führte Thomas A. Edison in New York einem größeren Publikum erstmals über Lautsprecher ein Konzert aus der Metropolitan Opera vor. In den neunziger Jahren des vergangenen Jahrhunderts wurde in Budapest eine Lizenz für einen Drahtfunk vergeben. Andere Städte folgten später. 1906 wurde der erste Funkspruch von Nauen nach Berlin geschickt. 1909 erregte der Amerikaner Lee de Forest in New York großes Aufsehen mit einer drahtlosen Übertragung der Oper »Cavalleria Rusticana« mit Enrico Caruso aus der Metropolitan Opera. Im ersten Weltkrieg wurde die drahtlose Telephonie zu militärischen Zwecken benutzt, diente aber auch den Soldaten an den Fronten zur Unterhaltung. Die Funkentelegraphie umspannte seit 1918 den Erdball. Zwei Jahre später reichte die drahtlose Telephonie über 2 000 Kilometer weit.

Unterhaltungsrundfunk

1920 begann der erste regelmäßige gebührenpflichtige Rundfunkdienst der Welt. Der Sender Königs Wusterhausen bei Berlin, der der Reichspost gehörte, brachte Nachrichten und Wirtschaftsmeldungen. Ab Mitte des Jahres wurden auch Versuchssendungen mit Schallplatten durchgeführt und am 22. 12. 1920 das erste Instrumentalkonzert live übertragen. Es wurde in Entfernungen bis zu 4 000 km noch empfangen. Ein Jahr später eröffnete der erste Rundfunksender der Vereinigten Staaten in Pittsburgh sein Programm.
Im gleichen Jahr wurde aus der Berliner Staatsoper Giacomo Puccinis »Madame Butterfly« in den Äther geschickt. Ein Jahr darauf sprach der Organisator des deutschen Rundfunks, Hans Bredow, auf dem Internationalen Telegraphisten-Wettstreit aus dem Reichstag über den Sender. Er entwickelte seine Idee eines »Rundfunks für Alle, der Sprache und Musik drahtlos verbreiten und dem besiegten deutschen Volke eine erschwingliche Unterhaltung und Belehrung vermitteln sollte«. Wenig später begannen in Argentinien, Belgien, Dänemark, England, Frankreich, Kanada, Österreich und der Sowjet-Union

Rundfunkstationen Unterhaltungsprogramme zu senden. Ab Mai 1923 wurden aus Königs Wusterhausen jeden Sonntag von 11 bis 13 Uhr die sogenannten Sonntagskonzerte übertragen. Hans Bredow plante damals, Lautsprecher in Sälen und öffentlichen Lokalen für das Publikum aufzustellen. Aber die um sich greifende Inflation vereitelte sein Vorhaben.

Am 29. 10. 1923 wurde der deutsche Unterhaltungsrundfunk aus dem Vox-Haus in der Potsdamer Straße in Berlin eröffnet. Das erste Musikprogramm, das von 20 bis 21 Uhr dauerte, begann mit dem Andante von Fritz Kreisler – das Violoncello spielte Otto Urack – und endete mit dem Deutschlandlied, gespielt vom 3. Infanterie-Regiment. 430 Rundfunkteilnehmer waren damals bei der Reichspost gemeldet.

Aufnahmetechnik – Aufnahmeräume

Während zu Beginn des Rundfunks meist live gesendet wurde, ergab sich bald die Notwendigkeit, Aufnahmen zu machen. Wie bei der Schallplattenindustrie verwendete man dafür Wachsplatten. Mit der elektrischen Aufzeichnung konnte eine wesentlich höhere Qualität als bei dem früheren akustischen Verfahren erzielt werden. Für den Hörer waren Wachsaufnahmen kaum von Live-Übertragungen zu unterscheiden. Die Einführung der elektrischen Tonaufzeichnung brachte auch für die Schallplattenindustrie eine entscheidende Wende. Die Aufnahmen konnten nun beliebig im Saal, im Theater oder in der Kirche durchgeführt werden. Die Anforderungen, die an die Aufnahmestudios gestellt werden mußten, stiegen damit. Die Senderäume des Vox-Hauses in Berlin waren zu Beginn nur größere Zimmer von 13 bzw. 26 m^2, die zur Schalldämpfung mit Kreppapier und Scheuertüchern behelfsmäßig verkleidet waren. Ende 1924 wurde ein 14,4 x 6,6 Meter großer Studioraum fertig, der für Sendespiele und für das Große Funkorchester und den Funkchor, die von Bruno

Seidler-Winkler geleitet wurden, zur Verfügung stand. Es ist heute kaum vorstellbar, wie darin ein großes Orchester untergebracht und wie von dort live übertragen werden konnte. Der sogenannte Große Sendesaal des Vox-Hauses, der von 1925 bis 1931 benutzt wurde, hatte schon eine Grundfläche von 18 x 9 m. Die Wände waren holzgetäfelt und mit Stoff bespannt. Er enthielt sogar eine Orgel. Als die Studios im Hause nicht mehr ausreichten, ging man in Schulaulen, Tanzsäle und Vergnügungsetablissements.

In der Frühzeit des Rundfunks wurden die Aufnahmeräume akustisch stark gedämpft. Man erzielte dadurch über das Mikrophon ein sehr durchsichtiges und klares Klangbild, allerdings auf Kosten des Raumklangs, der einer Musik erst den natürlichen Glanz verleiht. Der Pianist Arthur Schnabel berichtete darüber, daß er manchmal glaubte, bei den Plattenaufnahmen in den Studios zu ersticken. War es die Sorge der Techniker, daß von dem neu gewonnenen Tonumfang etwas verlorengehen konnte? War es der Stolz der Musiker, daß nun jedes Instrument klar erkennbar war – für das Baßregister und die höchsten Tonlagen allerdings noch mit Einschränkungen? Oder war es ganz einfach der Mangel an geeigneten Räumen und an genügender Erfahrung, daß die Musik mit wenig Nachhall, gewissermaßen filtriert aufgenommen und übertragen wurde? Jedenfalls kam der »trockene« Musikklang für längere Zeit in Mode. Er fand übrigens einen leidenschaftlichen Verfechter in Arturo Toscanini, der glaubte, auf diese Weise ein perfektes Abbild der innerlich vorgestellten Musik geben zu können. Die Schallplatten, die er 1926/27 in New York unter ähnlichen Bedingungen machte, liebte er wegen ihrer »Korrektheit«. Später ging man dazu über, den Teil des Aufnahmeraums, in dem der Klangkörper (Orchester, Sänger usw.) aufgestellt wurde, ungedämpft zu lassen und nur die Wand, vor der das Mikrophon stand, zu dämpfen oder auch das Mikrophon mit einem Stoffzelt zu umgeben.

Als im Jahre 1931 in Berlin das Haus des Rundfunks nach

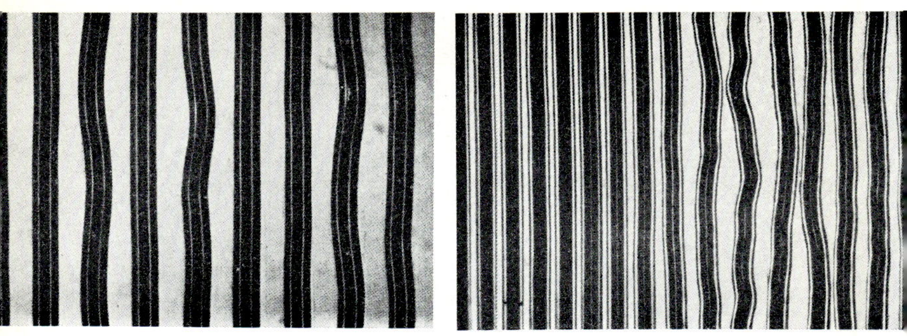

7. Schallplattenschrift (Nadelton)

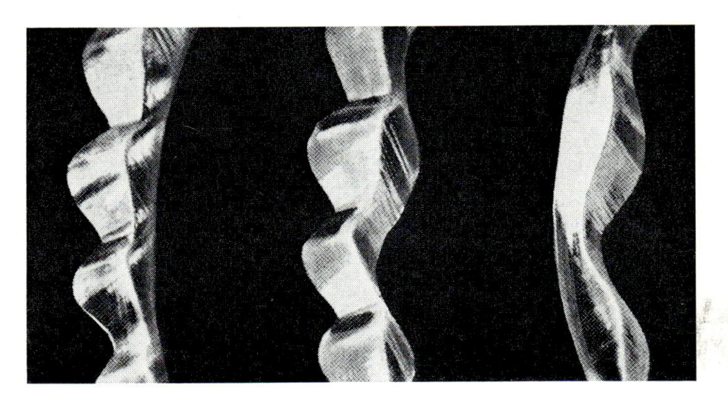

8. Stereorillen

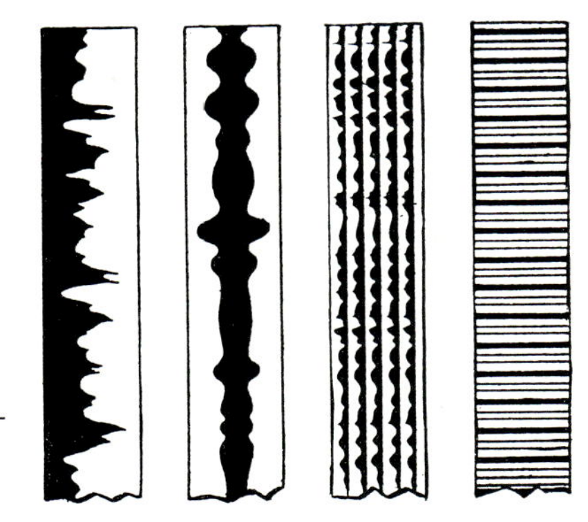

9. Lichttonschriften
(Ein-, Doppel-, Vielfach-
zackenschrift,
Sprossenschrift)

10. Akustische Schallplattenaufnahme mit Luisa Tetrazzini

11. Orchesteraufnahme mit Strohgeigen unter Leitung von Bruno Seidler-Winkler

dem Entwurf des Architekten Hans Poelzig eingeweiht wurde und das Vox-Haus geräumt werden konnte, war man sich über die raumakustische Gestaltung des nun wahrhaft »Großen Sendesaals« noch nicht im klaren. Er wurde erst 1933 in Betrieb genommen. Für die akustische Gestaltung zeichnete Hans Joachim von Braunmühl verantwortlich. Die Nachhallzeit betrug etwa 1,5 Sekunden. Nach dem Kriege wurde der Saal völlig umgestaltet und erhielt eine höhere Nachhallzeit (ca. 2,2 Sekunden), wie sie den heutigen Forderungen an eine natürliche Wiedergabe entspricht.

Das Rundfunkprogramm

Das Programm des Rundfunks diente von Beginn an der Unterhaltung und Belehrung der Hörer. Es bildeten sich rasch die Programmformen: Nachrichten, Reportage, Übertragungen von Reden und Feiern, Verbreitung von Dichtung und Musik aus öffentlichen Vorträgen, Konzerte, Theateraufführungen oder funkmäßige Eigenveranstaltungen. Mit zunehmender Verbesserung der Übertragungstechnik wurde mehr und mehr die Sendung aus den Rundfunkstudios bevorzugt. Damit erhob sich die Frage nach den Eigengesetzlichkeiten funkischer Gestaltung. »Das Rundfunkhören, ohne die Stütze der Sichtbarkeit oder der persönlichen Fühlung, erfordert, soweit das vorhandene Schrifttum in Frage kommt, eine Auslese und dramaturgische Bearbeitung der Stoffe, an der in hervorragendem Maße die literarischen und musikalischen Leiter sowie ihre Dramaturgen und weiteren Mitarbeiter beteiligt sind«, schrieb 1933 der Große Brockhaus. Alles Optische mußte also ins Akustische umgeformt werden. Geräusche und Geräuschkulisse wurden in der Frühzeit des Rundfunks groß geschrieben. Neue Berufe entstanden aus den Forderungen der Rundfunkarbeit: der Hörspielregisseur, der Wort- und Geräuschregie führte; der Abhörkapellmeister für die technisch-künstlerische Musikregie, der in späteren Jahren vom speziell vorgebildeten Tonmeister abgelöst wurde. In der Literatur erhielten das Gedicht, die kurze Erzählung, das Zwiegespräch besondere Bedeutung, in der Musik die intimen Formen wie Lied, Kammermusik, Haus- und Volksmusik, weil diese sich am organischsten in das Zimmer und in den Lebenskreis des Hörers übermitteln ließen. Schließlich versuchte man Kulturhilfe zu leisten, um dem Laienhörer den Weg zum Verständnis von Kunst und Musik zu bahnen.

Musik im Rundfunk

In den Anfangsjahren waren fast alle Musiksendungen Übertragungen entweder aus dem Studio oder von öffentlichen Veranstaltungen. Einige wenige Sendungen wurden von Schallplatten abgespielt, teils aus eigener Produktion, zum größeren Teil aus der Schallplattenindustrie. »In der Pause bis zum nächsten Programm spielen wir Schallplatten«, lautete die Ansage. Musik füllte den größeren Teil des Programms. 1930 waren es in Deutschland etwa 65 %. Das bedeutete, daß das gesamte Musikrepertoire aufgeboten werden mußte, um die Sendezeiten zu füllen. Es gab noch kein starres Programmschema wie heutzutage. Wenn ein Ensemble seine Sendung hatte, spielte es sein Programm in gleicher Instrumentalbesetzung durch. Eine Kammermusiksendung konnte also mehrere Streichquartette enthalten. Eine Opernsendung begann am Nachmittag und lief mit Pausen bis in die Nacht hinein.
Über die Unterhaltungsmusik sagte Edmund Nick, der von 1924 bis 1932 musikalischer Leiter des Schlesischen Rundfunks war: »Der junge Rundfunk benötigte die Unterhaltungsmusik beinah weniger seinen Hörern zuliebe, die kaum Zeit hatten, sich mit Hilfe von Kopfhörern zu den unmöglichsten Tageszeiten Musik anzuhören, als für den Radiohandel, der jederzeit leichte Musik zur Verfügung haben mußte, da durch Sinfonien die Masse der Hörer nicht zu gewinnen gewesen wäre. Damals wurde der

Grund gelegt zu der unseligen Gepflogenheit, zu allen Stunden des Tages, mit oder ohne zwingende Notwendigkeit, Musik in den Äther zu schleudern. Den Hauptanteil hatte die Unterhaltungsmusik zu tragen.«

Der erste Einfluß, den die musikalischen Leiter der Rundfunkstationen nahmen, war die Beeinflussung des Repertoires. Neben den Standardwerken wurde Unbekanntes und Vergessenes hervorgeholt. Das galt insbesondere für die Bühnenwerke, die sich wegen schwacher Dramatik auf dem Theater nicht recht durchsetzen konnten. Lyrische Grundhaltung kam dem Rundfunkerleben entgegen.

Solange noch live musiziert wurde, bestand die Bindung an die jeweilige Besetzung bei der Zusammenstellung einer Programmfolge. Aber es konnten immerhin schon Werkreihen durchgeführt werden. Eine selbständigere Programmgestaltung, die unabhängig von den Fesseln eines Konzertveranstalters die Gattungen und Formen mischen oder die verschiedensten Dirigenten und Interpreten zu Wort kommen lassen konnte, wurde erst möglich, als Aufnahmen in größerer Zahl vorlagen und ein Austausch von Programmen begann.

Die Übertragung von Opern aus dem Theater hat die Techniker von jeher gereizt, wohl weil es sich um das umfassendste Musikereignis handelte. Wolfgang Baruch, Musikschriftsteller und Musikleiter im Rundfunk, meinte, »daß ausgerechnet die Oper – ein Bühnenwerk, das anderen dramaturgischen Gesetzen folgt als eine Radiosendung – in das ihr wesensfremde Funkhaus eindringen und dort bis heute eine starke Position behaupten konnte, gehört zu den Kuriosa in der Geschichte des Rundfunks«.

Schon im ersten Rundfunkjahr wurde die funkische Form des Hörspiels erarbeitet. Was lag nun näher, als dasselbe für das Musiktheater zu tun? Cornelis Bronsgeest, gefeierter Opernsänger, der schon 1906 Schallplatten besungen hatte, nahm sich der Hör-Oper und der Hör-Operette an. Er war von 1924 bis 1933 Leiter der Opernsendebühne der Berliner Funkstunde. Mit Wolfgang Amadeus Mozarts

Oper »Figaros Hochzeit« begann eine lange Reihe von Funkopern. Von einer funkischen Umarbeitung konnte eigentlich nicht die Rede sein; die Werke blieben bis auf gelegentliche Kürzungen unangetastet. Dafür gab eine Einführung zu Beginn Aufschluß über die Entstehung der Werke, die stilistische Einordnung, und vor den einzelnen Akten wurden Inhaltsangaben gemacht. Zum besseren Verständnis wurden die »Wortgetreuen Textbücher zu den Sendespielen der Berliner Funkstunde« vom Verlag Dr. Wedekind herausgegeben, und zwar so rechtzeitig, daß der interessierte Rundfunkhörer sie am Sendetag in der Hand halten konnte, wenn er im Kopfhörer oder auch schon am Lautsprecher den Werken lauschte.
Später ging man in der funkischen Gestaltung weiter als Cornelis Bronsgeest. Man löste die Kernszenen heraus, verband sie durch einen erklärenden Text. Schließlich verfuhr man ähnlich wie beim Hörspiel. Werner Illing sagte über seine Bearbeitung von Mozarts »Figaros Hochzeit«: »Das Problem war, ›Figaros Hochzeit‹ ohne Eingriffe in die musikalische Substanz zu einer zweistündigen Sendung umzubilden, ohne auf das Hilfsmittel von Ansagen und erklärenden Zwischentexten zurückzugreifen.« Indem alles ins Akustische umgesetzt wurde, zusätzliche Szenen und Personen eingeführt, Stimmung und Atmosphäre durch Geräuschkulisse suggeriert wurden, entstand eine Funkoper, die keiner Erklärungen mehr bedurfte. Trotzdem hatten die Funkopern die Opernübertragungen nicht ganz aus den Programmen verdrängen können.
Ein folgerichtiger Schritt im Ausbau des Rundfunkprogramms war die Schaffung neuer Funkwerke. Der Hamburger Horst Platen schrieb 1926 »Die schweigende Glocke«. 1927 schuf Kurt Weill zusammen mit Paul Hindemith den »Lindberghflug«, der besondere Bedeutung für die formale Entwicklung des musikalischen Hörspiels gewann. Der Text stammte von Bert Brecht. 1933 brachte München Werner Egks Rundfunkoper »Columbus« heraus. Seit 1928 experimentierte man an der Berliner Hoch-

schule für Musik und andernorts mit Musik vor dem Mikrophon und mit »funkischen Werken«. In kleineren charakteristischen Besetzungen entstanden spezielle Partituren für den Rundfunk. Walter Gronostay, der allzu früh verstarb, schrieb für die Deutsche Welle die beispielhafte Musik zu dem Hörspiel »Mord«.
In Belgien, Finnland, Frankreich, Holland, Italien, in der Schweiz und in den Vereinigten Staaten von Amerika war man ebenfalls nicht untätig auf dem Gebiet funkischer Musik. Wenn sich auch nicht bewahrheitet hat, daß die Zukunft der Musik im Rundfunk in den funkeigenen Schöpfungen liegt, so sind doch unter den nicht scharf voneinander abzugrenzenden Bezeichnungen Funkoper, Funkballade, Funkkantate, Funknovelle, Funkmelodram, Liederspiel, Musikhörbild interessante und auf das »auditive Musikerlebnis eingeschränkte« Werke entstanden, wie H. H. Stuckenschmidt es einmal nannte. Internationale Preisausschreiben, 1934 in der Tschechoslowakei, 1935 in Köln galten dem radiophonischen Musikwerk. Heutiger Nachfahre ist der 1948 gestiftete »Prix Italia«.
Schon in der Pionierzeit des deutschen Rundfunks begann man, durch erweiterte Ansagen und Texteinführungen Verständnis für Musik zu wecken. Der Komponist Kurt Weill, der zwei Jahre später mit seiner »Dreigroschenoper« einen Welterfolg errang, setzte sich im Berliner Sender 1926 mit Analysen der Streichquartette für den damals noch wenig bekannten ungarischen Komponisten Béla Bartók ein. Man erkannte die Bedeutung derartiger Sendungsformen zur Bildung und Erziehung des Publikums. Pausen in Opernübertragungen wie Sinfoniekonzerten füllte man gern mit Musikfeuilletons. In der Mischung von Wort und Musik suchte man innere Zusammenhänge deutlich zu machen. Zeitgenössische Komponisten traten als ihre eigenen Interpreten auf und gaben Erläuterungen dazu, die »Stunde der zeitgenössischen Musik« wurde ein Begriff. Das durch Jahrzehnte hindurch geführte Schatzkästlein vereinigte geschlossene kleine

Musikformen wie Lied und Instrumentalstücke mit Gedichten, Erzählungen, Novellen zu einer Art funkischem Gesamtkunstwerk.
Mit den europäischen Staaten wurde Programmaustausch gepflegt. Verbindung bestand zwischen Berlin, Wien, Prag, Budapest und Warschau. England, das über keine ständigen Opernbühnen mit festen Ensembles verfügte, war besonders an Opernübertragungen interessiert. Sowjetrußland schloß sich an die Übertragungen von Symphoniekonzerten unter Erich Kleiber, Wilhelm Furtwängler, Leo Blech und Otto Klemperer an. In Deutschland wurden dafür die Aufführungen aus der Leningrader oder der Moskauer Oper geboten.
Von England und der Schweiz aus bahnte sich 1932 auch der Austausch über Kurzwelle mit den Vereinigten Staaten von Amerika an. Die NBC strahlte ihre Übertragungen des New Yorker Symphonie-Orchesters unter Walter Damrosch und aus der Metropolitan Opera auch nach Europa aus.
Zum Unterhaltungsrundfunk gehörte von Anbeginn an die Unterhaltungsmusik. Der Beruf des Arrangeurs und des Unterhaltungsmusik-Komponisten entstand, der für Funk, Film und Schallplatte arbeitete. Die Musikverleger schalteten sich in das Geschäft ein. Um Maßstäbe zu setzen, wurden Aufträge für »gute« Unterhaltungsmusik gegeben. Eigene Rundfunk-Ensembles entstanden und lösten mit der Zeit das Salonorchester ab.

Rundfunkhörer – Rundfunkmusiker

Ein gutes Jahrzehnt hatte genügt, um den Rundfunk zu einem weitverbreiteten Massenmedium zu machen. Die Zahl der Rundfunkempfänger wurde 1934 auf etwa 50 Millionen geschätzt. Statt der Bezeichnung »Rundfunk«, abgeleitet vom Funkensender, dem ersten Erzeuger gedämpfter Schwingungen, die nur für telegraphische Übertragungen geeignet waren, hätte es besser »Fern-Hören«

– analog zum »Fern-Sehen« – heißen sollen. Die Sender- und Verstärkertechnik war verbessert, das Kurzwellennetz ausgebaut worden. Ein Engpaß für die Übertragung von Musik blieb das Kohlemikrophon. Hans Flesch, der Leiter des Frankfurter und später des Berliner Rundfunks sagte 1929: »Wir wollen uns weniger an die Komponisten wenden und ihnen sagen: Schreibt, was das Mikrophon übertragen kann, als an die Techniker und ihnen zurufen: Baut Mikrophone und Sender, die alles übertragen können.«
Erst die Einführung des Kondensatormikrophons sollte einen entscheidenden Schritt nach vorn bringen. Wenn auch eine große Zahl der Hörer diesen Qualitätsmangel der Musik im Lautsprecher im ersten Jahrzehnt des Rundfunks nicht allzusehr beachtete – gegenüber der akustischen Schallplatte war es schon ein gewaltiger Fortschritt –, da das Angebot von Musik groß und vielseitig war, so hielten sich viele Komponisten anfangs noch fern. Um befriedigende Klangresultate zu erzielen, mußten sie auf die technischen Gegebenheiten Rücksicht nehmen. Die Dirigenten entschlossen sich gleichfalls nur zögernd, die Auseinandersetzung mit Partitur, Musikern und mit Aufnahmetechnikern auf sich zu nehmen. Die ausübenden Musiker – besonders die Orchestermusiker – fanden den Weg zu den Rundfunkstudios leichter, da sie seit Mitte der zwanziger Jahre regelmäßige Engagements erhielten und schließlich großenteils ganz vom Rundfunk leben konnten.

Bild und Ton

Den Stummfilm hat es eigentlich nie gegeben. Das Wort wurde erst geprägt, als der Tonfilm aufkam. Von frühester Zeit her war man bemüht, die Bewegungsvorgänge im Bild akustisch zu ergänzen. Man bediente sich dazu meist der mechanischen Musik.
Oskar Messter, mit dem die eigentliche Filmindustrie begann, zeigte seine ersten Tonbilder 1903 im Apollo-Theater in Berlin. Für die Wiedergabe des Tons zu seinem

»Biophon« benutzte er ein Grammophon mit Trichter, das unter der Leinwand stand. Zur Verlängerung der Spieldauer der Platten verwendete er abwechselnd mehrere Grammophone. Um die Lautstärke zu vergrößern, ließ er gelegentlich bis zu fünf Apparate gleichzeitig laufen. Sein Verfahren ging um die Welt. Auf der Weltausstellung 1904 in St. Louis spielte das Biophon ein »Tonbild« mit dem damaligen amerikanischen Schlager »The whistling Bowery Boy«. Ein Inserat aus dem gleichen Jahr kündigte über 120 »Sprechende, singende, lebende Photographien« an, darunter auch Joseph Giampietro und Otto Reutter. Zum Repertoire von Oskar Messters »Tonbildern« gehörten auch das »Fiaker-Lied«, gesungen von Alexander Giradi, Fritzi Massary und Guido Tielscher mit ihren Erfolgsschlagern aus dem Metropol-Theater und Paul Lincke als Dirigent seines »Glühwürmchen-Idylls«.
Messter drehte mit der Opernsängerin Francillo-Kaufmann und Kammersänger Albert Kutzner eine Reihe von Opernszenen, die die Sänger vorher selbst auf Platte aufgenommen hatten – also das erste Playback-Verfahren. Auch ließ er Schauspieler nach Gesangsaufnahmen agieren. Henny Porten, damals mit der Darstellung solcher Szenen betraut, berichtete in ihrer Biographie darüber, wie sie mit ihrem Vater nach Schallplatten von Emmy Destinn und Enrico Caruso zu spielen hatte. »Singt Caruso das hohe C, holt Vater Porten kräftig mit den Armen aus und öffnet den Mund so weit, als müsse gleich eine gebratene Taube hineinfliegen. Man ist mutig und schreckt vor nichts zurück«, schrieb sie über diese Synchronisationen. Es wurden auch synchrone Bild-Tonaufnahmen versucht. Dabei mußten die Sänger jedoch dicht am Aufnahmetrichter des Grammophons stehen, der deshalb oft in einem Möbelstück versteckt wurde. Durch abwechselnde Benutzung zweier Plattenteller gelang es Messter, den auf 20 Minuten gekürzten 2. Akt der Operette »Die Fledermaus« von Johann Strauß aufzunehmen. Messter war übrigens der erste, der »Dirigentenfilme« machte.

Dabei projizierte er durch ein Spiegelsystem das Bild des Dirigenten an die Stelle, wo dieser vor dem Pult stand. In Berlin im Mozart-Saal und in der Hochschule für Musik und in Leipzig im Gewandhaus entstanden Aufnahmen mit Arthur Nikisch, Felix von Weingartner, Ernst von Schuch, Oscar Fried, Emil Nikolaus von Recznicek. Sie werden heute mit den dazugehörigen Partiturauszügen als Zeitdokumente im Deutschen Museum in München aufbewahrt.

Messter stellte noch andere Versuche an, um die Begleitmusik zum Film zu verbessern und einen guten Synchronismus zu erreichen. Er benutzte dazu das Phonola, das mechanische Klavier, dessen Papierwalze er mit dem Film synchronisierte. Er entwickelte ein Verfahren, schon während der Aufnahme Bild und Ton genau einander anzupassen. Zu diesem Zweck ließ er ein Band, auf dem die Partitur notiert war, im gleichen Tempo wie die Kamera laufen und gab dem Dirigenten die Möglichkeit, die Geschwindigkeit während der Aufnahme nach den Erfordernissen der Musik zu steuern. Die Darsteller mußten sich dabei der Musik anpassen. Paul Lincke schrieb eine Filmpantomime für dieses Verfahren. Der Tonfilm und seine Möglichkeiten waren gegeben. Die Verwendung von Schallplatten, der »Nadelton«, ließ alle Prozeduren zu. Aber dieses und andere Verfahren setzten sich auf die Dauer nicht durch. Das Optische, ohnehin stärker in der Wirkung, war neu und entwickelte sich technisch rasch weiter. Das Akustische verlor an Interesse wegen der Unzuverlässigkeit der Synchronität und der mangelnden Tonqualität besonders im großen Raum. So verschwanden Phonograph und Grammophon in Deutschland vor dem ersten Weltkrieg aus dem Kinotheater und überließen ihren Platz dem Pianisten oder Harmoniumspieler, dem Stehgeiger, dem Mann am Schlagzeug und eine Weile noch dem Erklärer, bis die Zwischentitel in den Filmen auch diesen überflüssig machten.

Von der musikalischen Illustration zur Filmmusik

Die lebendige Musik erwies sich als anpassungsfähiger als die mechanischen Verfahren. Erst Jahrzehnte später sollte der Ton das Bild technisch wieder einholen. Bis dahin übernahmen Musiker die »Zweite Dimension« des Filmes.

Mit dem Klavierspieler fing es an. Er legte sich aus bekannten und eigenen Einfällen zurecht, was zur Illustration des Geschehens auf der Leinwand beitragen und wie er die einzelnen Übergänge gestalten konnte. Rhythmische Anknüpfungen waren am einfachsten, Tanzformen boten sich dafür an. Zur Untermalung von Stimmungen griff er zu Liedern, die jedermann kannte, bei Sterbeszenen ging man gern auf das Harmonium über. Geräusche mußten irgendwie musikalisch nachgeahmt werden. Die Musikbegleitung erfüllte im übrigen noch den guten Zweck, den Lärm des Projektionsapparates zu übertönen. Zu dem Pianisten gesellten sich bald noch ein Geiger und ein Schlagzeuger dazu, die Ausdrucksskala wurde dadurch größer. In den großen Kinos konnte man sich dann bald ein Orchester leisten. Der Kapellmeister mußte die passenden Noten beschaffen und die Stücke zusammenstellen. Was dabei herauskam, waren Potpourris aus Oper und Operette, Salonstücken und Volksliedern, Märschen und Schlagern mit mehr oder weniger gewaltsamen Übergängen von einer Nummer zur anderen. Die Musikverlage lieferten Salonorchester-Arrangements, die für alle Besetzungen, vom alleinunterhaltenden Klavier bis zum großen Orchester spielbar waren.

Um das Niveau zu heben und dem Kitsch vorzubeugen, setzen sich ernsthafte Musiker daran, das bisherige Verfahren zu verbessern. Es entstanden 1913 die ersten Stimmungskartotheken von J. Zamecznik, Zettelkästen für die Kapellmeister der Kinos. Ernö Rapée schuf seine »Motion Picture Moods«, Giuseppe Becce, Pionier der Filmmusik in Deutschland, die »Kinothek«.

Man nahm die Sache sehr ernst, prüfte die Möglichkeiten der künstlerischen Bindung zwischen Film und Musik und fand Vorgänger in der Geschichte. Becce argumentierte: »Der Filmillustrator, der Kompilator, ist in seinem engeren Wirkungskreis ein Kind unserer Zeit. Wenn man aber ihn und seine Arbeit näher besieht, so zeigt sich, daß er eine recht lange und bewegte Vergangenheit hat. Überall, wo je musiziert wurde, entfaltet er seine meist etwas zweifelhafte Tätigkeit. Als ›Musikimprovisator‹ sehen wir ihn im modernen Varieté, als ›Potpourri-Komponisten‹ im Konzert- und Tanzsaal, für den Gesangverein fabrizierte er zu Beginn des vorigen Jahrhunderts das beliebte musikalische Quodlibet, aufs Kirchenchor schmuggelte er die Opernarie ein, und schließlich in der Oper selbst triumphierte er im 18. Jahrhundert vor dem Publikum als ›Autore‹ des berühmten ›Pasticcio‹, in welchem er irgendeine Handlung mit beliebten Opernschlagern ausstaffierte.«
Auch heute gibt es noch etwas Ähnliches, nur daß es sich nicht mehr um Noten, sondern um Schallplatten oder Tonbänder handelt, natürlich im Geschmack unserer Zeit. Die Einteilungsbegriffe in den »Recorded Music Catalogues« oder den »Tonbandarchiven für Film, Television, Radio und Theater« unterscheiden sich kaum von den früheren Illustrations-Bibliotheken.
Mit der Zeit wurden mehr und mehr eigene Kompositionen zu den Filmen geschrieben, im Stil zunächst wenig verschieden von den bisherigen Illustrationsmusiken, aber immerhin aus einer Feder entstanden. Partitur und Notenmaterial wurden mit dem Film mitgeschickt und konnten vom Orchester – oder in kleineren Kinos vom Ensemble oder später von der Kino-Orgel – zum Film als Originalmusik – damals sagte man »Autorenmusik« – erklingen.
Für Opern- und Operettenfilme holte man sich von 1916 bis 1921 das studierte Ensemble mit Solisten und Chören von der Deutschen Lichtspiel-Operngesellschaft oder später der Musica-Film ins Kinotheater. Opern- und

Operettenverfilmungen gab es in der Stummfilmzeit in Menge. In Deutschland hatte man 1915 mit der Oper »Martha« von Friedrich von Flotow den ersten Versuch unternommen.
Richard Strauss bearbeitete 1925 seine Oper »Der Rosenkavalier« für den Film. Bei der Londoner Premiere soll er gesagt haben: »Wenn ich jung wäre, wäre ich glücklich, spezielle Musik für den Film schreiben zu können, aber ich bin alt, und dazu braucht man Jahre.«
Robert Stolz hatte 1913 die Musik zu dem Operettenfilm »Millionenonkel« mit Alexander Girardi geschrieben. 1920 inszenierte Ludwig Berger die Operette »Ein Walzertraum« von Oscar Straus.
Die ersten Originalkompositionen für den Film stammen von Camille Saint-Saens (»L'Assassinat du Duc de Guise« 1908) und dem italienischen Komponisten Ildebrando Pizzetti (»Feuersinfonie« zu dem Filmfragment »Cabiria«). Seit 1912 arbeitete Giuseppe Becce für Oskar Messter. Er komponierte zu seinem Film »Richard Wagner« die Musik und spielte selbst die Hauptrolle darin. 1926 wurde in Amerika der erste Tonfilm »Don Juan« aufgeführt, 1927 folgte der »Jazzsinger«, in dem Al Jolson das jüdische Totengebet »Kol Nidre« sang. Der Schlager »Sonny Boy«, wiederum von Al Jolson gesungen, aus dem dritten Tonfilm »The singing fool« ging bereits um die Welt.
»Melodie des Herzens« (1929), mit der Musik von Werner Richard Heymann und Dita Parlo und Willy Fritsch in den Hauptrollen, war der erste vollsynchron gedrehte deutsche Tonfilm.
1928 brachte die »Twentieth-Century-Fox« ihre erste »Tönende Wochenschau« heraus, die »Ufa-Tonwoche« folgte zwei Jahre später.
In dem René-Clair-Film »Sous les toits de Paris« (1929), mit der Musik von A. Bernard und R. Morelli, und dem J.-von-Sternberg-Film »Der blaue Engel« (1930), mit der Musik von Friedrich Holländer, hatte sich eine neue Kunstgattung bereits manifestiert.

Für die Kinomusiker bedeutete der Tonfilm das Ende ihrer Existenz, wenn auch die technische Umstellung auf die neuen Apparaturen sich erst allmählich vollzog und Stummfilm- und Tonfilm-Produktionen noch einige Zeit lang nebeneinander herliefen. So wurde im Januar 1929 bei der Vorführung des Stummfilms »Ich küsse ihre Hand, Madame« das Titellied als Tonstreifen eingeschnitten. Die Szene spielte Harry Liedtke, es sang Richard Tauber. Ein Zwitter war der Film »Das Land der Frauen«, der sich aus stummen wie tönenden Partien zusammensetzte. Die Musik schrieb Wolfgang Zeller dazu.
Sehr bald ging man dazu über, ehemalige Stummfilme nachträglich zu vertonen. Richard Eichberg war einer der ersten, der damit begann. 1929 brachte er seinen Schwank »Wer wird denn weinen, wenn man auseinandergeht« mit der Musik von Hans May tönend heraus.

Tonfilm contra Stummfilm

Mit dem Aufkommen des Tonfilms änderte sich die Situation der Musik im Film grundlegend. Einmal in wirtschaftlicher Hinsicht: die Kinoorchester wurden überflüssig, Musiker wurden bei jedem Film nur einmal für die Musikaufnahme gebraucht. Zum anderen in akustischer Hinsicht: die Musik brauchte nicht mehr raumfüllend zu sein. Als Lautsprechermusik, wie sie von Schallplatte und Rundfunk bekannt war, konnte sie von jeder beliebigen Besetzung gespielt und technisch auf jede gewünschte Lautstärke gebracht werden. Drittens in praktischer Hinsicht: die Musik wurde von der zeitlichen und räumlichen Gebundenheit an den im Kino ablaufenden Filmstreifen befreit und konnte nun beim Schnitt des Films an das Bild »angelegt« und montiert werden, so daß es Probleme der Synchronität nicht mehr gab.
Künstlerisch bedeutete das, daß eine Gesamtheit der Musik im Film wie bisher nicht mehr nötig war. Die Ent-

deckung des Tones – Wiederentdeckung müßte es richtiger heißen, allerdings in qualifizierterer Form – brachte vor allem die Entfesselung der Sprache als Aussage und als Klangereignis und führte zum Spiel mit akustischen Effekten, was der Rundfunk längst kannte und inzwischen sublimiert hatte. Der Film wurde naturalistisch, die hochdifferenzierte »Bildmelodik« der späten Stummfilme ging rasch verloren. Die Anknüpfungspunkte für die Musik, die sich bisweilen gefallen lassen mußte, als schlechte Angewohnheit des Stummfilms bezeichnet zu werden, wurden nun andere. Musik übernahm die Rolle der »3. Dimension« nach Bild, Sprache und Geräusch.
Abseits vom großen Film waren die Berührungspunkte zwischen Musik und Bild längst abgetastet worden. Avantgardistische Filme hatten mit dem Ton erfolgreich experimentiert. Walther Ruttmann schuf 1927, lange bevor die deutsche Filmindustrie sich für den Tonfilm entschied, für die Reichsrundfunkgesellschaft den Film »Tönende Welle«, der zur Eröffnung der großen Funkausstellung in Berlin aufgeführt werden sollte.
Kaum war die Bild-Ton-Synthese technisch geglückt, da gingen phantasievolle Köpfe neuartige Wege und machten Bildfilme zu vorhandenen Musiken. Zu Arthur Honeggers Komposition »Pacific 231« schuf Jean Mitry eine großartige Montage einer Lokomotivenfahrt mit allen Details. Germaine Dulac, Avantgardistin des französischen Stummfilms, interpretierte bildlich Kompositionen von L. van Beethoven, F. Chopin und C. Debussy. Oskar Fischinger bewegte abstrakte Formen zu den »Ungarischen Tänzen« von J. Brahms.
Noch aber war der Tonfilm neu und mußte sich manche Kritik gefallen lassen, besonders natürlich von denen, denen er Schaden zufügte. Die Kinomusiker in den Filmländern – in Deutschland waren es 12000 – suchten ihn zu bekämpfen. 1930 gab der Deutsche Musikerverband eine Streitschrift heraus, die wenig schmeichelhafte Vokabeln für das neue Medium fand: »den Kunstgeschmack

tötende, katarrhalisch ächzende Musikmaschine« – »Musikverhuntzung« – »Klangschrecknis«.

Anfänge des Fernseh-Rundfunks

In England gab es ab Mitte der dreißiger Jahre ein regelmäßiges Fernsehprogramm. In Berlin sendete seit März 1935 der Fernsehsender »Paul Nipkow« dreimal in der Woche von 20.30 bis 22.00 Uhr aus dem kleinen Studio in der Rognitzstraße in Charlottenburg. Die »Bilder der Woche« wechselten, von Musik unterbrochen, mit Kultur- und Spielfilmen. Bald kamen auch Direktsendungen dazu. Nur wenige Personen konnten im Bild sein, sie wurden malerisch geschminkt, damit sich die Details auf dem Bildschirm einigermaßen abzeichneten. Im Fernsehsender »Paul Nipkow« zeigten sich die Stars von Bühne, Film und Kabarett. Willy Schaeffers – vom »Kabarett für Alle« aus der Nürnberger Straße – machte seine Conférencen, Else Elster und Johannes Heesters sangen Chansons. Carl de Vogt begleitete seine Volkslieder und Balladen auf der Laute, Rosita Serrano sang die Weisen ihrer südamerikanischen Heimat zur Gitarre. Ingrid Larssen spielte auf ihrem goldenen Saxophon.
Großen Aufschwung brachten dem Fernsehen die Übertragungen von den Olympischen Spielen 1936 in Berlin. In 28 öffentlichen Fernsehstuben drängten sich die Berliner und die Besucher aus dem In- und Ausland, wenn die Olympia-Fanfare von Herbert Windt ertönte.
Anfang der vierziger Jahre wurde in den Vereinigten Staaten und bald darauf auch in anderen Ländern das Unterhaltungsfernsehen eröffnet. Der Ausbau der Ultrakurzwellen-Netze mit Relaisstationen bildete den Ersatz für die bis dahin verwendeten Breitbandkabel. Der Ausbruch des Krieges unterbrach zunächst das Fernsehprogramm in Deutschland, dann wurden die Versuche fortgesetzt und Sendungen zur Wehrmachtbetreuung ausgestrahlt, darunter Übertragungen von öffentlichen Varieté-Veran-

staltungen aus dem Kuppelsaal des Reichs-Sportfeldes. Ein Luftangriff im Jahre 1943 setzte dem ein Ende. Eine Weile sendete noch der Sender »Magic City«, den Reichspost und Reichsrundfunkgesellschaft in Paris betrieben, dann ging die erste Fernsehepoche in Deutschland zu Ende.
1950 fing der Nordwestdeutsche Rundfunk als erster mit neuen Fernsehversuchen an. Er strahlte dreimal in der Woche aus dem ehemaligen Bunker auf dem Heiligengeistfeld in Hamburg sein Programm aus. Wenig später startete auch in Berlin das Fernsehen. Seit 1952 gab es ein tägliches Programm aus Hamburg, Köln, Berlin und der DDR. Die Übertragung der Krönungsfeier von Elisabeth II. Ende Mai Anfang Juni 1953 aus London brachte vielen europäischen Ländern die erste Fernsehdirektsendung. 1953 begannen der Hessische Rundfunk und der Südwestfunk mit Fernsehsendungen, im gleichen Jahr wurde in Hamburg-Lokstedt das erste Fernsehstudio, das in Europa erbaut wurde, in Betrieb genommen. 1954 fanden die erste Eurovisionssendung mit Filmberichten der angeschlossenen Länder und im Juni/Juli die Europäischen Fernseh-Wochen statt, an denen sich 45 Sendestationen aus acht Ländern beteiligten. Im November des Jahres wurde das Gemeinschaftsprogramm des Deutschen Fernsehens eröffnet. Die Zahl der Fernsehteilnehmer in Deutschland ging auf die Hunderttausend zu.

Fernsehprogramm und Musik

Das Fernsehprogramm war von Anfang an auf das Aktuelle ausgerichtet. Nachrichten, Interviews und Reden von Staatsmännern, Reportagen – bei Außenaufnahmen bis 1938 noch im Zwischenfilmverfahren – hatten einen bevorzugten Platz im Programm. Seit der Einführung der elektronischen Kameras 1938 wurde das technische Verfahren beweglicher. Übertragungen aus dem Theater,

12. Erste elektrische Schallplattenaufnahme mit Jan Kubelik

13. Konzert im ersten Aufnahmeraum der Funkstunde Berlin (1923)

14. Festkonzert zur Einweihung des Rundfunkhauses in Berlin im Januar 1931 (Studio 3)

ebenso wie Studioproduktionen von Fernsehspielen, kleineren Opern und Operetten konnten nun durchgeführt werden.
»Oper und Fernsehen wurden Freunde, sobald das neue Medium aufkam«, sagte Herbert Graf, langjähriger Regisseur der Metropolitan Opera in New York. Das Fernsehen setzte mit geeigneteren Mitteln fort, was der Rundfunk anderthalb Jahrzehnte zuvor begonnen hatte. Für das englische, amerikanische und italienische Fernsehen traf das von Anfang an zu, Deutschland holte erst später auf.
Die British Broadcasting Corporation (BBC) übertrug schon kurze Zeit nach der Eröffnung ihres Fernsehprogramms die erste Opernsendung mit einzelnen Szenen aus »Mr. Pickwick«, einer Oper von Albert Coates, dem bekannten englischen Dirigenten. Die zweite Oper war »Tristan und Isolde« von Richard Wagner, aus der der zweite Akt übertragen wurde. Im Liebesduett agierten die beiden Darsteller vor der Kamera, während die Sänger hinter der Szene ihre Partien ins Mikrophon sangen. Und schließlich ging man zu Direktübertragungen ganzer Opernaufführungen aus dem Theater über. Die Umwandlung des Bühnenbildes auf den kleinen Bildschirm brachte Probleme. Die Totale – gewissermaßen der Bühnenrahmen, in dem der Opernbesucher die Handlung erlebt – war auf dem Fernsehbild unergiebig, die handelnden Personen wurden zu klein. Man mußte durch Großaufnahmen und möglichst aus wechselnden Blickwinkeln an die agierenden Personen herangehen und dabei versuchen, die starren Kamerapositionen nicht allzu fühlbar werden zu lassen, damit nicht der Eindruck entstand, als ob der Beschauer den Kopf ständig von einer zur anderen Seite wendete. Die englische Methode, Bild und Ton gleichzeitig aufzunehmen – im Gegensatz zur italienischen, die die Musik zuerst produzierte und dann die Bildaufnahmen nach dem Playback machte – hatte den Vorzug der größeren Echtheit, wenn sie auch höhere Anforderungen an Künstler und Techniker bei Proben und Aufnahmen

stellte. Die Gründe für das Live-Verfahren waren nicht nur künstlerischer, sondern auch rechtlicher Natur. Denn die englischen Musikergewerkschaften ließen eine Verwendung von bespielten Bändern nicht ohne weiteres zu.
Die ökonomische und disziplinierte Arbeitsweise der BBC, der »ältesten« Fernsehgesellschaft der Welt, wurde beispielgebend. Das amerikanische Fernsehen knüpfte an die englische Praxis an. Herbert Graf inszenierte schon 1940, als es in Amerika kaum mehr als ein paar tausend Fernsehapparate gab, für die National Broadcasting Company (NBC) in New York den ersten Akt der Oper »Bajazzo« von Ruggiero Leoncavallo, der aus dem Studio live übertragen wurde. 1943 folgten Opernübertragungen anderer Stationen, und 1946 gründete die NBC eine eigene »Television Opera Company«, für die Peter Hermann Adler, aus der Tschechoslowakei gebürtig, als künstlerischer und musikalischer Leiter verpflichtet wurde. Das Opernrepertoire bis in die Moderne hinein wurde von der Operngruppe in beispielhaften Live-Aufführungen produziert. Die Opera Company ging übrigens mit ihrem Repertoire auch auf Tournee durch die Städte Nordamerikas. Um den Bedürfnissen der Fernsehzuschauer entgegenzukommen, die mehrstündigen Sendungen nur ungern folgten, kürzte und bearbeitete man im Sinne der Erfahrungen, die man mit dem neuen Medium »Fernsehen« gemacht hatte. Große Opern wurden im allgemeinen aktweise an verschiedenen Tagen gesendet. G. Puccinis »Butterfly«, Jacques Offenbachs »Hoffmanns Erzählungen«, Johann Strauß' »Die Fledermaus« wurden als Stundensendungen in englischer Sprache ausgestrahlt.
Kurt Weills musikalische Bühnenwerke, die nach seiner Emigration in Amerika entstanden waren, liefen über den Bildschirm. 1951 wurde der erste Auftrag zur Schaffung einer Fernsehoper von der NBC vergeben. Gian-Carlo Menotti, der in Amerika heimisch gewordene italienische Komponist, schrieb das Weihnachtsstück »Amahl and the

Night Visitors«, eine Kurzoper für wenige Personen. Leonard Bernstein, amerikanischer Komponist und Dirigent, zeigte im Jahre 1952 den Fernsehzuschauern in New York seine satirische Kurzoper »Trouble in Tahiti«, die zwei Sänger und ein Chor-Trio beschäftigt und ernste und leichte Musik mischt. Die Bedeutung der Technischen Mittler für Amerikas Musikleben wird aus folgender Feststellung des amerikanischen Musikwissenschaftlers Gilbert Chase klar: »Rundfunk und Fernsehen haben in der Geschichte der amerikanischen Oper eine bedeutende Rolle gespielt. Zusammen mit den Universitäten und dem Broadway-Theater haben sie die Entwicklung einer amerikanischen Tradition im Bereich des lyrischen Theaters möglich gemacht. In einem Lande, das nicht wie Europa auf eine Jahrhunderte alte Opernpflege zurückblicken kann, wurde die Oper zum Bestseller und in der ›Family of man‹ heimisch.«
Der Anteil der Musik am Fersehprogramm in England und Amerika wurde um 1951 auf etwa 3 % geschätzt. Neben der Oper pflegte die BBC schon früh das Ballett. Tamara Tumanowa und Leon Woizikowsky waren 1933 die ersten Fernsehtänzer in einer Szene aus I. Strawinskys »Petruschka«. Der Star der »Sadler's Wells Company«, Margot Fonteyn, hatte ihren großen Erfolg als Aurora in Peter Tschaikowskijs »Dornröschen« auch im Fernsehen. Seit 1949 gab es eine Sendung über das Ballett, die mit Unterbrechungen über Jahrzehnte fortgesetzt wurde und in der die Tänzer selbst über ihr Metier sprachen.
Instrumentalmusik war nur schwach vertreten. Eine Sendefolge »The conductor speaks« gab Persönlichkeiten wie Henry Wood, damals schon Professor an der Royal Academy of Music, und Adrian Boult, Musikdirektor der BBC seit 1930, das Wort. Der Musikanteil der Unterhaltung im Fernsehen (light entertainment) ist in der genannten Prozentzahl nicht enthalten, er liegt besonders für Amerika wesentlich höher.
In Deutschland sandte 1951 der Nordwestdeutsche Rund-

funk in Hamburg in seinen Versuchssendungen als erstes Fernsehspiel J. W. von Goethes »Vorspiel auf dem Theater«. Weihnachten 1951 wurde Norbert Schultzes Fernsehtanzspiel »Max und Moritz« ausgestrahlt. In Berlin experimentierte man im kleinen Studio im obersten Stockwerk des Fernmeldetechnischen Zentralamts der Post in der Ringbahnstraße in Schöneberg. Aus Filmen wurde an jedem Wochenende ein dreiviertelstündiges Abendkonzert zusammengestellt, das der Autor dieses Buches kommentierte. Es handelte sich um amerikanische Produktionen von kürzeren populären Solo- und Orchesterwerken wie um Opernszenen, die mit bekannten Solisten, Sängern, Dirigenten und Orchestern in Deutschland, Österreich und Amerika produziert worden waren und schon zahlreiche amerikanische Filmtheater und Fernsehstationen durchlaufen hatten. Unter den Solisten befanden sich Yehudi Menuhin und Jakob Gimpel mit Paul Gordons sogenanntem »Concert Magic«. Auch Ballettszenen wurden eingeflochten. In der Unterhaltung gab es aus Berlin musikalisches Kabarett mit Rudolf Nelson und Günter Neumann. Außerdem versuchte man es mit Miniatur-Shows wie Rudi Kämpes »Mond-Revue«, in der Rita Paul und Bully Buhlan debütierten. Als erste deutsche Fernsehübertragung einer Oper wurde 1953 vom Nordwestdeutschen Rundfunk Hamburg »The little Sweep« (»Der kleine Schornsteinfeger«), das Operchen aus der Kinderoper »Let's make an Opera« von Benjamin Britten, in der Inszenierung von Herbert Junkers, ausgestrahlt. Sie wurde im Gegensatz zur englisch-amerikanischen Praxis im Playback-Verfahren übertragen.

Man fing also logischerweise mit einer Kammeroper an, die den Gegebenheiten des neuen Mediums »Fernsehen« und der Erprobung der technischen und künstlerischen Produktionsmethoden entgegenkam. Im gleichen Jahr brachte das Deutsche Fernsehen noch fünf weitere Opern heraus. (In Amerika und England war die Zahl inzwischen auf jährlich etwa zehn gestiegen.) Als erste »große« Oper

wurde »La Traviata« von G. Verdi zur ›prerecorded music‹ aufgenommen und gesendet.
Der Anteil der Musik im Deutschen Fernsehen war gegenüber anderen Ländern noch nicht groß. Die Möglichkeiten, musikalische Ereignisse über Stadt und Land zu verbreiten, wurden noch wenig genutzt. Wie viele hatten die Großen des Musiklebens gehört, wie wenige hatten sie gesehen!
Die musikalische Unterhaltung im Fernsehen war noch nicht scharf umrissen, Modelle und Stil fehlten.
Unsicherheit bestand auch noch darüber, an wen sich das Fernsehen mit seinen Programmen werden sollte. Für die Zuschauer zu Hause im Familienkreis mußten sie anders zugeschnitten sein als für den großen Kreis der Zuhörer in öffentlichen Lokalen. Aber all dem stand entgegen, daß das Fernseherlebnis möglich geworden war, daß auch dieses Kommunikationsorgan Musik vermitteln und neue Publikumsschichten für Musik empfänglich machen konnte.

Schallplatte, Rundfunk, Film und Fernsehen wurden musisch

Die Schallplatte, deren Weg wir bis ans Ende der akustisch-mechanischen Schallaufzeichnung und Wiedergabe verfolgten, hatte trotz der ihr noch anhaftenden Mängel Musik verbreitet, Musiker bekannt gemacht und ein neues Publikum für die Musik gewonnen.
Der Rundfunk, dessen erstes Jahrzehnt wir durchschritten, hatte mit schon besserer Tonqualität die direkte Brücke vom Musiktheater und Konzert in die persönliche Sphäre des Hörers geschlagen, die Musik damit aus ihrer bisherigen gesellschaftlichen Gebundenheit gelöst und das Ohr des Hörers für die rein akustische Perspektive der Musik geöffnet.
Der Film, dessen sogenannte »stumme« Epoche wir kennenlernten, hatte von Anbeginn an versucht, seine »lebenden« Photographien auch klanglich zu beleben, und, als die Technik mit Sprache und Musik noch nicht recht fertig wurde, lebendige Musik vor die Leinwand gebracht und ihr die Region des Unbewußten und Seelischen übertragen.
Das Fernsehen schließlich, dessen ersten kurzen steilen Weg zum bisher umfassendsten Technischen Mittler wir begleiteten, hatte für die Musik mit Ausnahme der Oper noch wenig Platz gefunden, wenn es auch als Vermittler von Musik schon Bedeutung erlangte.
Die technischen Medien Schallplatte, Rundfunk, Film und Fernsehen brachten also mehr Musik in die Welt. Der Schallplatte stand ihre große Zeit noch bevor. Der Weg des Rundfunks war bereits vorgezeichnet, seine Bedeutung, nicht nur für die Musik, wuchs mit der stetigen Zunahme der Hörer. Der Film stand am Scheideweg. Der

technische Fortschritt wurde zunächst mit dem Verlust der optischen Vision bezahlt, die Musik verlor eine Domäne. Dafür bahnte sich die Entwicklung zu einer neuen synthetischen Kunstgattung an. Ähnlich wie der Film konnte auch das Fernsehen zur Kunstgattung werden, wenn sich Szenisches und Akustisches organisch verschmolzen. Andererseits setzte das Fernsehen den Rundfunk fort, der, wie Jean Cocteau meinte, »zweifellos nur der Prolog des Fernsehens war«. Im Vergleich zur amerikanischen Television, die sich Anfang der fünfziger Jahre bereits an ein Publikum von mehr als 10 Millionen Fernsehteilnehmern wendete, stand das Deutsche Fernsehen mit etwa ein Zehntel der Zahl noch mitten in der Entwicklung. Wie Kurt Magnus, der verdienstvolle Organisator des Deutschen Rundfunks und Fernsehens 1954 sagte, »dürfen die technischen Hilfsmittel nicht zum Spiel werden, sondern müssen sinnvolles Mittel zum Zweck bleiben. Dann wird das Fernsehen, das zehnmal so teuer wie der Rundfunk ist und zehnmal so viel Proben benötigt, auch zehnmal so wirkungsvoll wie der Rundfunk sein«.

Rundfunk contra Schallplatte

Die Befürchtungen, daß der aufkommende Unterhaltungsrundfunk der Schallplatte Konkurrenz machen würde, bewahrheiteten sich nicht. Die technische Qualität des Radios ließ in der Anfangszeit noch zu wünschen übrig. Störungen traten häufig auf. Während die »Sprechmaschine« bequem über den Schalltrichter abgehört werden konnte, mußte man zum Rundfunkhören zunächst die Kopfhörer aufsetzen. Auch die ersten Lautsprecher übertrafen das Grammophon kaum.
Vor allem aber war die Schallplatte durch ihr Repertoire überlegen. Die berühmten Sänger, die meisterhaften Solisten, die großen Dirigenten der Welt gab es auf Platten. Der Rundfunk konnte eine solche Fülle erst nach Jahren bieten.

Die leichte Musik nahm in den zwanziger Jahren einen gewaltigen Aufschwung. Mit der Mode kamen die amerikanischen Schallplatten nach Europa.
Die ersten deutschen Jazzplatten erschienen 1922 bei Lindström mit der »Original Dixieland Jazz Band«. Der Jazz trat seinen Siegeszug über die Schallplatte an. Die deutsche Schallplattenindustrie konnte in den Nachkriegs- und Inflationsjahren der amerikanischen Pari bieten. Gegen »Yes, we have no bananas« von Frank Silver setzte sie »Ausgerechnet Bananen«.
Auch Unterhaltungsmusik gab es auf Schallplatten. Wir begegneten in Deutschland Namen, die wir schon vom Rundfunk her kannten, wie Barnabas von Gészy, Will Glahé. Dazu kamen die Kapellen aus den repräsentativen Berliner Hotels und Cafés.
Von José Padillas »Valencia« aus dem Jahre 1925 wurden innerhalb kurzer Zeit über 20 Millionen Schallplatten verkauft. Seit Ende der zwanziger Jahre gab es übrigens Schallplattengeschäfte und in den Warenhäusern Schallplattenabteilungen. Bis 1929 erreichte die Schallplatten-Industrie in Deutschland den Höhepunkt ihres Absatzes mit 30 Millionen Platten im Jahr, die Zahl der Rundfunkhörer war inzwischen auf über zwei Millionen gestiegen. Von da ab fiel die Schallplattenproduktion bis auf fünf Millionen im Jahre 1935, um dann wieder anzusteigen. Die Zahl der angemeldeten Rundfunkgeräte hatte inzwischen fünf Millionen überschritten.
In Amerika war der Einbruch im Schallplattengeschäft noch größer. War es jetzt die Konkurrenz des Rundfunks oder waren es nur die Folgen des Börsenkrachs von 1929, der die Weltwirtschaft in Mitleidenschaft zog? Denn technisch hatte die Schallplatte bereits aufgeholt.

Von der akustischen zur elektrischen Schallplatte

Das Grammophon wurde Mitte der zwanziger Jahre erwachsen, stellte Joseph Szigeti fest: »Auf einmal gestat-

teten die Ingenieure alles.« Die akustische Schallplatte gehörte der Vergangenheit an.
Leopold Stokowski hatte 1925 die ersten Aufnahmen nach dem neuen elektrischen Verfahren gemacht. Er hatte Johann Sebastian Bachs Choralvorspiel »Wir glauben all an einen Gott« für das Philadelphia Orchestra instrumentiert.
Joseph Szigeti spielte »Le Printemps« von Darius Milhaud. »Ich war, glaube ich, der erste, der einen Milhaud aufnahm«, schrieb er später einmal. Igor Strawinsky komponierte 1925 seine »Serenade in A« für Klavier mit vier Sätzen, von denen jeder genau der Dauer einer Schallplattenseite entsprach.
1930 erschienen die ersten Musiktruhen, die Rundfunkapparat und Plattenspieler in einem Gehäuse vereinigten, auf dem Markt. Die Abspielung der Platte erfolgte nun auch auf elektrischem Wege. Aus dem Lautsprecher erklang der volle Tonumfang der Aufnahme.
»Der Ton steht mitten im Raum« – »Es ist schwer, einen Unterschied zwischen der Wiedergabe und dem Original zu entdecken« – frohlockten die Ankündigungen. Bald wurde in Amerika mit der Erweiterung des Frequenzumfanges der Begriff »High Fidelity« geprägt. Die amerikanische Aufnahme der Tondichtung »Also sprach Zarathustra« von Richard Strauss aus dem Jahre 1935 galt als erstes Paradebeispiel dafür.
Die europäischen Firmen zogen mit Orchesterwerken und Instrumentalmusik nach. 1927 zu Beethovens 100. Todestag wurden alle neun Symphonien auf Platte aufgenommen. Es dirigierten Thomas Beecham, Hamilton Harty, George Henschel, Henry Wood und Felix Weingartner. Pablo Casals, Alfred Cortot und Jacques Thibaud spielten das Klaviertrio op. 99 von Franz Schubert ein. Wilhelm Furtwängler dirigierte seine ersten Plattenaufnahmen.
1936 entstanden Aufnahmen aus Festspielaufführungen in Bayreuth, die Generalintendant Heinz Tietjen dirigierte.

Leopold Stokowsky setzte sich unermüdlich mit der neuen Aufnahmetechnik auseinander, er instrumentierte um, änderte die Sitzordnung des Orchesters. Seine Schallplatten wurden zum internationalen Standard.
Mit dem neuen Aufnahmeverfahren kamen neue Sänger zum Zuge. Einschränkungen hinsichtlich des Stimmvolumens oder des Stimmklanges entfielen nun. Heute können wir uns glücklich schätzen, daß auch große Namen der Pionierzeit noch auf elektrischen Platten festgehalten wurden, wenn auch manche nicht mehr ganz auf der Höhe ihres Künstlertums waren.
Natürlich wurden jetzt ebenfalls die Tanzplatten elektrisch aufgenommen. Auch der Tonfilm, der zu Anfang noch den »Nadelton« hatte, wie wir schon hörten, machte sich im Schallplattengeschäft bemerkbar. Al Jolsons »Sonny Boy«, das er als Neger geschminkt in dem Tonfilm »The Singing Fool« sang, mag ihn und den Schlager durch die Schallplatte ebenso berühmt gemacht haben wie durch den Film.

Der Weg zur Langspielplatte

Der amerikanische Komponist Aaron Copland schrieb in den dreißiger Jahren : »Vom künstlerischen Standpunkt aus besteht der hauptsächlichste Mangel der Tonwiedergabe heute noch in den durch den Plattenwechsel bedingten, etwa alle 4½ Minuten erfolgenden Unterbrechungen. Musik ist eine Kunst, die an zeitlichen Ablauf gebunden ist, den zu unterbrechen eine ernstliche Verfälschung bedeutet.«
Bei Liedern oder Suiten mochte man das in Kauf nehmen, bei einer Symphonie oder gar einer Oper wurde es für die Ausführenden wie für die Hörenden lästig.
Die RCA-Victor Company entwickelte 1931 eine Langspielplatte mit fast einer Viertelstunde Laufdauer je Plattenseite. Nach dem zweiten Weltkrieg brachte die Columbia eine neue unzerbrechliche Kunststoffplatte mit

$33^1/_3$ Umdrehungen und Mikrorillen von 23 Minuten Spieldauer heraus. Die RCA entwickelte, um die Konkurrenz zu unterlaufen, eine Langspielplatte mit 45 Umdrehungen pro Minute. Der sogenannte »War of the speeds« endete schließlich damit, daß die großen Werke der klassischen Musik auf $33^1/_3$ Platten, die kleineren und die Unterhaltungs- und Tanzmusik auf 45er Platten aufgenommen wurden. Die drei Geschwindigkeiten 78, 45 und $33^1/_3$ gehörten nun zur Norm. In Europa setzte sich die Langspielplatte ab 1950 durch.

Repertoirebildung

Mehr und mehr wurde es nun für die Schallplattenfirmen wichtig, ein vielseitiges Repertoire aufzubauen und namhafte Künstler unter Vertrag zu nehmen. Die EMI begann in den schlechten Zeiten damit. Walter Legge war der Initiator des sogenannten »Society Project«, klassische Platten mit Hilfe einer Gesellschaft von Musikliebhabern zu finanzieren. Mit einem Hugo-Wolf-Album, gesungen von Elena Gerhardt, fing es an. Die amerikanischen Schallplattenfirmen kauften mit dem Magnetophongerät in Europa, wo die Musiker zahlreich und die Gagen niedrig waren (»where musicians were plentiful and low salaried«), Musik ein und bereicherten so ihr Repertoire.
Ihre Schallplattenkataloge konnten sich bald mit einem stattlichen Angebot von Bach-Kantaten, Händel-Opern, Mozarts gesamtem Klavierwerk, von vergessenen Opern Bellinis, Rossinis, des frühen Verdi, sämtlicher Symphonien Gustav Mahlers und des Gesamtschaffens von Anton Webern rühmen. Natürlich fehlten die Musical-Erfolge wie »My Fair Lady« von Alan Jay Lerner und Frederick Loewe nicht. Die deutschen Schallplattenfirmen hatten es nach dem Kriege schwerer. Zum Teil fingen sie mit »geliehenem« Repertoire an. Die Unterhaltungsmusik mußte den ersten Antrieb geben (wie z. B. die Erfolgsnummern »Caprifischer« und »Im Hafen von Adano«). Immerhin

konnte die Deutsche Grammophon 1951 auf der Funkausstellung zwölf Langspielplatten, darunter Aufnahmen der Berliner Philharmoniker unter Ferenc Fricsay und Eugen Jochum anbieten.
Die vorbildliche Archivproduktion wurde 1948 von Fred Hamel ins Leben gerufen. Die Schallplatte war auf dem Wege, sich die gesamte Musikliteratur zu erschließen.
Schallplattenfirmen rufen heute wie Buchverlage zu Subskriptionen auf. 1962 hatte in Deutschland die Deutsche Grammophon Gesellschaft erstmals mit den neun Symphonien von L. van Beethoven unter H. von Karajan begonnen. 1968 forderte die Columbia in den Vereinigten Staaten zur Reihe »Bernstein dirigiert Mahler« auf.

Stereophonie

Bereits auf der Pariser Elektrizitätsausstellung von 1881 wurde von französischen Ingenieuren eine stereophone Übertragung von Musik aus der Grand Opéra mit mehreren Mikrophonen vorgeführt, die über Kopfhörer von den Besuchern der Ausstellung abgehört werden konnte. Ende der dreißiger Jahre wurde in Berlin Musik über drei Kanäle aus dem Bachsaal in der Lützowstraße in das Universum-Kino am Lehniner Platz übertragen. In Washington wurde ein Konzert des Philadelphia Symphony Orchestra unter Leopold Stokowski aus der Constitution Hall auf gleiche Weise stereophon wiedergegeben. Die Wirkung der Stereophonie war bekannt. Man experimentierte vielerorts mit sogenannten »künstlichen Köpfen«, in deren »Ohren« Mikrophone eingebaut waren.
Eine englische Firma fand 1956 eine Methode der stereophonen Aufzeichnung auf einer Spur. Die amerikanischen Firmen Western-Electric und Columbia arbeiteten nun ähnliche Verfahren aus. Der »Krieg der Stereoverfahren« – ein Pendant zum »Krieg der Geschwindigkeiten« etwa ein halbes Jahrzehnt zuvor bei der Einführung der Langspielplatte – endete damit, daß ein Komitée der RIAA

(Record Industry Association of America) sich für das Verfahren der Western-Electric entschied.
1957 hatte die Western-Electric erste Stereoaufnahmen mit den »Dukes of Dixieland« gemacht, im gleichen Jahr produzierte Leopold Stokowski bereits in der Grunewaldkirche in Berlin stereophon Igor Strawinskys »Feuervogel« und »Petruschka«.
1958 erschienen die ersten Stereoplatten auf dem amerikanischen Markt und nicht viel später in Europa. Technisch war die Schallplatte anspruchsvoller geworden und hatte den Vorsprung des Magnetophons eingeholt.
»Es ist seltsam«, schrieb Roland Gelatt, der Historiker der Schallplatte, »daß in einem Zeitalter technischer Durchbrüche das bevorzugte Mittel der Musikaufnahme immer noch die flache gravierte Platte ist – ein Werkzeug des 19. Jahrhunderts. Niemand kann sagen, wie lange ihre Vorherrschaft dauernd wird. Das Tonband, während des zweiten Weltkriegs in Deutschland erfunden und danach in den Vereinigten Staaten weiterenwickelt, wird vielleicht eines Tages die ehrwürdige Schallplatte ersetzen.«
Noch gibt es nur wenig Ernste Musik auf Tonband-Kasetten. Noch führt die Schallplatte. In Krisenzeiten machte sie jedesmal einen Schritt nach vorn. Schon experimentiert man mit der sogenannten Quadrophonie. Durch vier Übertragungskanäle – bisher waren es zwei – will man ein noch natürlicheres Klangbild erzielen. Die Stärke der Schallplatte ist das Repertoire. Es auszubauen und alles das zu erhalten, was seit Beginn unseres Jahrhunderts auf ihr konserviert wurde, ist Aufgabe der Schallplattenindustrie und Verpflichtung der Öffentlichkeit.

Discothek – Phonothek

Die Schallplattenkataloge oder Discographien ergeben heute eine Bibliothek für sich. Der Columbia-Katalog von 1891 war zehn Seiten stark, der Victor-Katalog von 1912 zählte 375 Seiten und enthielt über 600 Titel. Heute gibt jede Schallplattenfirma einen stattlichen Jahreskatolog heraus, der durch Nachträge laufend ergänzt wird. Daneben erscheinen Einzelkataloge für bestimmte Themengruppen. Der Schwann Long Playing Record Catalog enthält etwa 35 000 Titel. Jährlich werden über 6 500 Neuproduktionen von Langspielplatten gemeldet. »The World's Encyclopedia of Recorded Music« ist das internationale Nachschlagewerk.

Zeitschriften, Inserate, Plakate und neuerdings auch Schallplattenvertriebe informieren und werben. Seit geraumer Zeit enthalten auch Bücher über Musiker und Musik Schallplattenhinweise. Die Schallplatte hat ihren festen Platz neben der Musikliteratur und der Musik im Notenbild errungen. Sammler haben sich ihrer angenommen, Schallplattenklubs sind entstanden. Auch in Antiquariaten findet man sie.

Die Franzosen hatten das schon 1907 vorausgesehen. In der Grand Opéra in Paris wurden zwei Urnen mit je zwölf Schallplatten eingemauert, die späteren Zeiten verkünden sollten, wie damals gesungen und musiziert wurde. 1928 wurde in Rom die Discoteca di Stato gegründet, sie archiviert die italienische Plattenproduktion. 1938 wurde in Paris die Phonothèque Nationale gegründet, die bis heute an die 100 000 Platten gesammelt haben mag. Die Plattenhersteller sind verpflichtet, von jeder neuen Platte zwei Exemplare der Sammlung zur Verfügung zu stellen. Großbritannien folgte 1955 mit der Eröffnung des British Institute of Recorded Sound, Deutschland 1961 mit der Deutschen-Musik-Phonothek in Berlin. 1953 wurde die Commission Internationale des Phonothèques von der UNESCO ins Leben gerufen, die eine internationale Bibliographie der Schallplatten schaffen und dem internationalen Austausch von Tonträgern dienen soll.

Internationale Preise dienen der Förderung der Schallplatte.

Äußerungen über die künstlerische Bedeutung der Schallplatte und ihren Platz im Musikleben gab es seit Anfang unseres Jahrhunderts in Menge. Claude Debussys anerkennende Bemerkung »Une totale et minutieuse immortalité« galt noch der akustischen Platte. Der Dichter Maurice Maeterlinck revidierte seine bis dahin negative Meinung über die Schallplatte, als er die elektrische Platte kennenlernte: »Jetzt lebt die Stimme in ihrem Double weiter und kann sich nicht mehr ändern, verfälschen, noch verloren gehen.« Der gleiche Gedanke wie bei Debussy.

»Die praktische Bedeutung von Radio und Schallplatte kann man kaum hoch genug einschätzen«, schrieb 1931 Wilhelm Furtwängler. »Sie besteht vor allem in der Möglichkeit einer enormen Popularisierung der Musik, nebenbei hat sie Bedeutung als pädagogisches Hilfsmittel.«

»Heute ist es dank der technischen Vollendung so weit gekommen, daß sogar zuweilen der schöpferische Augenblick sich dem Hörer mitteilt. Welch beglückendes Ereignis in unserem gefährdeten technischen Zeitalter«, schrieb Wilhelm Kempff 1967.

Mit der Stereophonie wurden wiederum neue Möglichkeiten der klanglichen Beeinflussung geschaffen. Räumliche Perspektiven und Bewegungen im Klangpanorama wurden durch einfache Regelvorgänge möglich. Der Musikkritiker Willi Reich schrieb in einer Besprechung über die Plattenaufnahme von Alban Bergs Oper »Wozzeck« unter Leitung von Pierre Boulez, die 1966 den Grand Prix du Disque erhielt, von einer »musikdramatischen Stereophonisierung«, durch die »dem Hörer das Bühnengeschehen mit suggestiver Gewalt eingeprägt wird«.

Der Kontakt zum Hörer konnte über den Technischen Mittler schließlich wiederhergestellt werden, und eine Gemeinschaft der Musikkonsumenten konnte entstehen. Für viele mag die Schallplatte in hochqualifizierter Auf-

15. Fernsehmusikaufnahme mit Leonard Bernstein und dem New York Philharmonic Orchestra im SFB

16. Aufnahme der Gurre-Lieder von Arnold Schönberg im großen Sendesaal des SFB (1964)

17. Laterna-Magica-Vorführung mit Klavierbegleitung um 1800

18. Aufnahme mit Edisons Kinetophon und Kinetoscope

nahme erste Bekanntschaft mit Werken und Komponisten vollzogen haben. Sie ist dabei zu erfüllen, was Walter Michael Berten 1951 als ihre Aufgabe bezeichnete: Als Kulturmusikplatte »das Besondere nach Werk oder künstlerischer Interpretationsleistung festzuhalten über Raum und Zeit«. Als Unterhaltungsmusikplatte »das Unterhaltsame nach Werk oder künstlerischer Interpretationsleistung festzuhalten für das Bedürfnis der Stunde«. Darüber hinaus liegt der Reiz der Schallplatte noch darin, die Kulturplatte auch der Stunde dienstbar machen zu können und die Unterhaltungsplatte auch über Zeit und Raum zu erhalten.

Künstlerische Aufnahmetechnik

Die Wirkung einer Musik auf Schallplatte hängt weitgehend von der Aufnahmetechnik ab.
»Der Prozeß der Aufnahme, d. h. die Fixierung eines künstlerisch akustischen Phänomens, ist ein künstlerischer Akt mit technischen Mitteln«, schrieb Hans Werner Steinhausen. Er kann eine dienende Rolle spielen wie etwa bei der Schaffung eines historisch richtigen Klangstils, er kann Effekte setzen, er kann aber auch neue Dimensionen schaffen, neue Klangmoden (Sounds), wie das besonders in der Unterhaltungsmusik angewandt wird. Der Tontechniker oder Tonmeister wird hier zum Kollegen des Arrangeurs, der früher den Sound eines Orchesters bestimmte. Wie Ferde Grofé Paul Whitemans »Symphonischen Jazz«, der Schwarze Fletcher Henderson als Arrangeur den Swing Stil von Benny Goodmans weißer Big Band, Pete Rugolo, der Milhaud-Schüler, für Stan Kenton den Klang des »Progressive Jazz« schuf. In die Kette der Spezialisten »Komponist«, »Bearbeiter«, »Arrangeur«, »Kapellmeister« trat als Gleichberechtigter der »Tonmeister«, der den Klang realisiert. Für eine derart entstandene Musik kam die Bezeichnung »Narkotische Musik« auf, die von der kommerziellen Musikproduktion

an die Stelle der traditionellen Unterhaltungsmusik gesetzt wurde, wie wir sie aus dem ersten Jahrzehnt des Unterhaltungsrundfunk kennen. Es ist oft vom bloßen Hören her schwer zu bestimmen, welche Ingredienzien einen Sound ausmachen, handele es sich um den »Velvet Sound« eines Kookie Freeman oder nur um das verbesserte Stereoverfahren des »Royal Sound«.
In der Verhallung der Musik – insbesondere bei den Singstimmen – sehen Soziologen und Psychologen gern Entsprechungen zur gesellschaftlichen Situation unserer Zeit. »Die fast durchgängige Anwendung von künstlichem Hall gibt auch dem vereinsamten Hörer in seinem Heim noch das Gefühl, einer großen Gemeinschaft anzugehören in einem nur von der Akustik vorgetäuschten Raum«, schrieb Kurt Blaukopf.
Immerhin erzeugt die akustische Verbindung Gemeinschaften. Der Konzertsaal, frühere Stätte gesellschaftlichen Musiklebens, verliert dagegen mehr und mehr seine gemeinschaftsbildende Funktion. Handelt es sich bei dem größer werdenden Publikum wirklich um eine qualitätslos-gemeine Masse oder ist nicht vielleicht das einsame Individualerlebnis differenzierter als das Massenerlebnis im Kollektiv einer öffentlichen Veranstaltung? Der Absatz und die Produktion des breit gestreuten Schallplattenrepertoires scheinen das zu bestätigen.

Schallplatte als Kommunikationsmittel, Musikautomat und Mäzen

Zwischen Kunst, Unterhaltung und Geschäft ist die Schallplatte seit einem Dreivierteljahrhundert angesiedelt.
Sie ist Kommunikationsmittel für Musik aller Art unabhängig von Ort und Zeit, Musikautomat mit unbegrenzten Repertoire- und Klangmöglichkeiten, sie ist Mäzen – Auftraggeber für nachschaffende und schaffende Künstler: Igor Strawinsky schrieb seine »Sérénade en La« 1925, Aaron Copland seine »Dance Symphony« 1929, Roy Har-

ris seine Ouvertüre »When Johnny comes marching home« 1934 im Auftrag der Schallplattenindustrie. Sie ist Förderer zeitgenössischer Musik: 1967 erschienen erstmals auf Schallplatte Werke von einem halben hundert zeitgenössischer Komponisten, es folgten Musica-Nova-Reihen und Elektronische Musik. Und sie ist Archivar durch Folklore-Serien, Historische Reihen, Tondokumente – und damit zugleich Musikologe und Musikerzieher.

Musikübertragungen im Rundfunk

Auf einer Programmtagung der deutschen Rundfunkgesellschaft 1928 in Wiesbaden diskutierten die Dirigenten Wilhelm Buschkötter und Bruno Seidler-Winkler über »Instrumente und Stimmen im Rundfunk«. Sie klassifizierten sie nach rundfunkgeeigneten – wie die Holzbläser – und nach »gefährlichen« Intrumenten – wie vor allem das Waldhorn und das Klavier –, »das bei der Übertragung besonders entstellenden Veränderungen unterworfen war«. Helle metallische und große dramatische Singstimmen galten ebenfalls als gefährlich für das Mikrophon. Probleme gab es mit der Textverständlichkeit, ganz besonders bei Choraufnahmen.
Seit 1927 widmete sich die in Berlin neu gegründete Heinrich-Hertz-Studiengesellschaft für Schwingungsforschung den Fragen von Schwingungsvorgängen der Musikalischen Akustik und der Raumakustik. Analysen des Frequenzspektrums der Musikinstrumente ergaben die charakteristischen Obertöne, die es bei der elektrischen Übertragung zu erhalten galt. Schalldruckmessungen gaben Aufschluß über die »richtige« Lautstärke und die komplizierten dynamischen Verhältnisse im Zusammenwirken der Instrumente und im Verlauf der Musikstücke. Raumakustische Untersuchungen erforschten Nachhall, Resonanz, Reflexion, Schallstreuung. Es galt, günstige Raumgrößen und Raumformen zu finden sowie Materialien, mit denen man die Akustik in gezielter Weise ver-

ändern konnte. Der gedämpfte Aufnahmeraum, das »dead studio« der Frühzeit des Rundfunks, war einem natürlichen Klangbild abträglich. Andererseits rief größerer Nachhall für das Mikrophon störende Reflexionen hervor.

In der Rundfunkversuchsstelle der Staatlichen Musikhochschule in Berlin experimentierte man mit Musik vor dem Mikrophon. Ihr Leiter war Georg Schünemann. Zu den Lehrkräften zählte Paul Hindemith. Unter den Gästen befanden sich viele Interessenten des Auslandes. Man konnte lernen, mikrophongerecht zu instrumentieren und zu komponieren.

Was aber mit Werken tun, die offensichtlich nicht mikrophongeeignet waren, wie zum Beispiel eine Bruckner-Symphonie?

»Es darf nicht ungesagt bleiben, daß vieles bis zur Entstellung verkümmert gehört wurde«, hieß es in einer Kritik aus dem Jahre 1924 über eine Sendung der »Romantischen Symphonie« aus Anlaß des 100. Geburtstages von Anton Bruckner. Noch ein halbes Jahrzehnt später fragte der Dirigent E. Stein: »Was nützt es, die vorgeschriebenen Instrumente zu verwenden, wenn sie im Lautsprecher doch anders klingen! Eben, um die Intention des Werkes zu wahren, sollte man die Instrumentation, ja den Satz zu ändern wagen.« Man nahm also »unmerkliche Anpassungen« vor, wo sich durch die Interpretation allein nichts ausrichten ließ, um der Technik entgegenzukommen. Kleinere Besetzungen waren geeigneter als große Orchester. Daß Opernouvertüren von einem Klaviertrio gespielt wurden, gehörte allerdings in die Anfangzeit des Rundfunks. Salon-Orchester oder Pariser Besetzung waren dagegen häufig. Dabei mochten allerdings auch wirtschaftliche Erwägungen mitsprechen.

Das Nadelöhr, durch das alle Musik zu gehen hatte, war das Mikrophon, damals noch das Querstrom-Kohlemikrophon. Abbildungen von Künstlern in den Zeitschriften oder Jahrbüchern des Rundfunks zeigen diese stets in

Verbindung mit dem charakteristischen Marmorblock, der in einem Metallring aufgehängt war. Die Stellung des Mikrophons im Raum und der Musikinstrumente zum Mikrophon waren das Geheimnis einer guten Übertragung. In den Fachzeitschriften der 20er, 30er Jahre wurde diesem Problem breiter Raum gewidmet. »Wie stelle ich mein Orchester auf?« war das Thema zahlreicher Aufsätze von Rundfunkdirigenten wie F. Adam, E. Nick, A. Szendrei. Oft schien es einfacher, Musik mit mehreren Mikrophonen aufzunehmen. Die rechte Balance zwischen den Instrumenten konnte dann auf elektrischem Wege hergestellt werden. Bei der Opernübertragung zur Eröffnung des Münchener Rundfunks 1924 sollen es 100 Mikrophone gewesen sein und bei Sendungen aus dem Großen Schauspielhaus in Berlin nicht viel weniger.
Mit der Einführung des 1924 von Ferdinand Trendelenburg erfundenen Kondensatormikrophons zu Anfang der 30er Jahre löste sich ein großer Teil dieser Probleme. Das Nadelöhr war weiter geworden. Auch später noch wurde den Übertragungen aus Konzertsälen und Opernhäusern wegen der »Plastik des Tones« und der größeren Lebendigkeit der Vorzug vor Studiosendungen gegeben. So wurde die erste Rundfunkübertragung aus Bayreuth mit Richard Wagners »Tristan und Isolde« am 19. August 1931 von 200 Rundfunkstationen in Europa, Afrika und Amerika übernommen.

Musikaufnahmen (Schallplatte – Tonband)

Was den Rundfunk damals ausmachte, war die Live-Sendung, die Vermittlung dessen, was gerade vor sich ging, im Aktuellen wie im Künstlerischen. Die Ton-Konserve konnte so zunächst nur sekundären Wert haben. Die Aktualität der Verbreitung einmaliger Ereignisse hatte dem Rundfunk seinen heißen Atem gegeben und ihn groß gemacht. Bald aber erkannte man die praktische und wirtschaftliche Seite der Schallplattenaufnahme. Die Kon-

servierung ermöglichte gemischte Wort-Musiksendungen durch Schallplatteneinblendungen. Konzerte mit prominenten Künstlern konnten festgehalten und wiederholt, Schallplattenaufnahmen mit anderen Stationen des In- und Auslandes ausgetauscht werden. Es wurde möglich, Interpretationen zu vergleichen. Der Sendebetrieb wurde entlastet, man konnte sich unabhängig von Managern und Künstlern machen. Man sparte Musiker und Geld. All das gab dem Rundfunkprogramm zwar eine neue Entfaltungsmöglichkeit, nahm ihm aber zur gleichen Zeit etwas von der ursprünglichen Vitalität. An warnenden Stimmen fehlte es nicht. So schrieb der Berliner Musikkritiker Lothar Band 1931 angesichts der Zunahme von Schallplattensendungen im Funk: »Technik verführt bisweilen, wo sie nur verpflichten darf.« Ein Jahr später schrieb die Wochenschrift »Funk«: »Hörerschaft und Künstler wenden sich mit Recht gegen den Gedanken, auf eine maschinelle, technische Kunstübermittlung noch eine zweite maschinelle Form zu pfropfen. Die Schallplatte ist der Dolchstoß für die Kunst.«
Zwei Jahrzehnte später stellte der Musikforscher Hans Mersmann fest: »Das wesentliche Merkmal der Rundfunkmusik ist ihre Anonymität. Aus dem Lautsprecher tönt Musik; viele Menschen, die sie hören, wissen kaum, was es ist, wer sie spielt, welche Bedeutung sie im Rahmen des Rundfunkprogramms besitzt.«
Der Rundfunk hat sich im Laufe der Zeit das reiche Repertoire der Schallplattenfirmen dienstbar gemacht. Die eigenen Aufnahmen hinzugenommen, verfügt er über ein ungeheures Musikreservoir. War früher die Live-Sendung die Regel, so ist sie heute die Ausnahme.
Die Rundfunkorchester fühlten eine Bedrohung ihrer Existenz durch die von ihnen bespielten Aufnahmen und erreichten vertragliche Zusicherungen, daß die Masse der Produktion nur eine begrenzte Zeit gesendet werden darf und durch Neuaufnahmen ersetzt werden muß. Bei der BBC in England erwirkte die Musikergewerkschaft eine

Begrenzung der Sendezeit von Musik auf Tonträgern. In Deutschland war der Streit zwischen den Schallplattenfirmen und dem Rundfunk 1936 durch Reichsgerichtsentscheidung beendet worden. Die Sender durften gegen eine Lizenz Platten senden. Der Vertrag von 1956 hatte diese Abmachungen forgesetzt. Nach den Hörerzahlen mußten die Stationen an die Industrie zahlen, dafür erhielten sie ein bestimmtes Kontingent an Sendezeit für Schallplatten. Noch einmal flackerte ein Streit zwischen Schallplatte und Rundfunk auf, als 1966 die Deutsche Musiker-Gewerkschaft Forderungen nach Beteiligung an den Einnahmen der Schallplattenindustrie erhob, die diese auf die Sender abwälzen wollte. Die Deutschen Rundfunksender parierten mit einem Schallplattenstop und intensivierten den Austausch der Eigenproduktionen. Ein Vergleich Anfang 1967 führte zu einer Erhöhung der Zahlungen an die Industrie, an der die Orchestermusiker Anteil haben.
Mit der Einführung des Magnetophons hatte sich die Konservierung des Tons wesentlich vereinfacht. Die begrenzte Laufzeit der Platte hatte zwar für den Funk nicht die nachteilige Bedeutung gehabt wie für den Amateur. Durch Überlappen ließ sich eine beliebige Spieldauer der Eigenaufnahmen erreichen. Aber das Tonbandverfahren bot noch andere Vorteile außer der längeren Laufdauer. Das Band konnte montiert – geschnitten werden, es war leicht zu vervielfältigen, die Abnutzung war geringer als bei der Platte, und es konnte gelöscht werden. Das Verfahren war lange bekannt. Der Däne Valdemar Poulsen hatte auf der Pariser Weltausstellung 1900 sein Gerät zur Tonaufnahme und Wiedergabe auf Stahldraht vorgeführt. Zweieinhalb Jahrzehnte später nahm Curt Stille das Verfahren wieder auf, konstruierte Diktiergeräte und versuchte es auf den Tonfilm anzuwenden. Der Stahldraht wurde schließlich durch andere Tonträger – zunächst Papierbänder und dann Zelluloidstreifen – ersetzt. 1935 kam in Deutschland ein Magnetophongerät auf den Markt.

Durch einen Schaltfehler entdeckten H. J. Braunmühl und W. Weber das sogenannte Hochfrequenzmagnetophon, das nun auch für Musikaufnahme und Wiedergabe geeignet war, es kam Ende der dreißiger Jahre in Gebrauch. Heute gibt es die verschiedensten Bandgeschwindigkeiten, je nach Verwendungszweck. Mit Langspielbändern kommt man auf eine Spieldauer von mehreren Stunden. Das Magnetophon ist im Gegensatz zu anderen Tonträgern weitgehend verzerrungsfrei.
Die technische Perfektion zog Konsequenzen auf dem künstlerischen Sektor nach sich. Nebengeräusche, geringe Ungenauigkeiten im Spiel, Unebenheiten im Klang wurden nun nicht mehr in Kauf genommen. Vorbei war die Zeit, wo man ohne Probe produzierte oder Live-Mitschnitte mit den ihnen anhaftenden lebendigen Zufälligkeiten bevorzugte. Was ins Archiv kam, mußte in Ausführung und Klang so perfekt sein wie das technische Verfahren. Von den rundfunkeigenen öffentlichen Konzerten wurden nun außerdem Produktionen gemacht. Nicht der Dokumentation der einmaligen Aufführung sondern der bis ins letzte ausgefeilten Registrierung von Musik wurde der höhere Wert zuerkannt. Und nun verschoben sich die Perspektiven wieder. Die Schallplattenfirmen bemühten sich um die in den Rundfunkarchiven schlummernden Live-Dokumentationen großer Künstler und brachten sie als Zeugnisse lebendiger Interpretation auf den Markt, wie zum Beispiel die Aufnahmen Wilhelm Furtwänglers mit dem Berliner Philharmonischen Orchester aus seinen letzten Lebensjahren in Berlin. Sie erhielten übrigens den Preis der Schallplattenkritik.

Musik im Rundfunkprogramm

Der amerikanische Musikologe Virgil Thomson bezeichnete die Technischen Mittler »als einen Zuwachs an Verbreitungsmöglichkeiten, nicht aber an Ausdruckskraft der Musik. In soziologischer Hinsicht sind sie neu, künstlerisch aber bringen sie nichts, was wir nicht schon hätten«. Und doch »hat der Rundfunk durch Angebot und Präsentation von Musik auf die Musikorganisation und Musikpflege umwälzend gewirkt«, wie Alfred Szendrei bemerkte.

Der Rundfunk wurde dem traditionellen Musikbetrieb gegenüber zu einem internationalen, interkulturellen und intersozialen gemeinschaftsbildenden Faktor größter kultureller Möglichkeiten. Ohne einen Zuwachs an Ausdruckskraft der Musik ist das kaum vorstellbar.

Ob der Hörer nun als vereinsamtes Individuum einer anonymen Hörermasse oder als ein einzelner Ergriffener der auf den Klang reduzierten Welt anzusehen ist, hängt von der Qualität des technischen Klanges und der Einstellung des Hörers ab. Auch im Konzertsaal gibt es dieselben Hörertypen, die in der Masse untertauchen und sich ohne eigenes Urteil am Prestigedenken orientieren, wie die selbständig Miterlebenden. Die musikalische Aktivität hat sich im Laufe der Zeit stufenweise vom Selbstmusizieren auf das Ins-Konzert-Gehen, das Rundfunkhören, zum »Das habe ich auf Platte« verlagert. Eine Aussage über die Intensität des Hörererlebnisses ist damit nicht gemacht.

Die akustische Physiognomie eines Künstlers kommt anders als die optische zustande. Anstelle einer sympathischen Erscheinung tritt die persönliche Note von Stimmklang und Artikulation. Über ein mikrophongerechtestes Musizieren äußerte sich Joseph Szigeti in seinen »Gedanken zu Plattenaufnahmen«: »Wir Solisten, die seit vielen Jahren mit der Technik und den Anforderungen der Plattenaufnahmen vertraut sind, kennen nicht jene Hemmungen, die manche Künstler vor dem Mikrophon befallen. ›Habitués‹ bringen es fertig, auf Platten jene Wärme und jenes direkte Kontaktgefühl mit dem Zuhörer zu erzeugen, das in den Konzertsälen herrscht – oder doch herrschen sollte. Wir denken auch nicht in erster Linie daran, lediglich vollkommen, aber kalt zu spielen. Ich nenne das ›Konservenmusik‹. Wir suchen die lebendige Aufführung zu erreichen, mit momentanen Interpretationseingebungen, wir wollen dem Zuhörer so weit wie möglich das Menschliche im Solisten vor Augen führen!«

Wie kann nun ein Musikprogramm im Rundfunk gestaltet werden, das den gegensätzlichen Erwartungen und Wünschen irgendwie gerecht wird? Ein guter Leitsatz ist, was ein früherer Musikabteilungsleiter der BBC sagte: »The ideal music policy of the BBC is not hard to define, it should be to give a representative picture of the musical activity of this country, together with a reflection of what is best among contemporary activities abroad.« Bei der Definition des »Besten« können sich die Geister jedoch schon scheiden. In Deutschland wird das häufig ideologisch gesehen, in Frankreich meint man das »faire plaisir« im weitesten Sinne. Über die Verantwortung bei der Programmgestaltung bestand nie ein Zweifel. Zum 20jährigen Bestehen des Deutschen Rundfunks sagte Eugen Jochum: »Der Rundfunk hat das Leben der meisten Menschen in ähnlicher Weise verändert, wie es die Erfindung der Buchdruckerkunst zu ihrer Zeit getan hat. Er hat allen alles zugänglich gemacht, und wir sollten als Generation die Verantwortung nicht leicht nehmen, die das für uns mit sich bringt.«

Nun schafft aber das technische Mittel der Verbreitung allein noch keine engere Verbindung zum Hörer. Die Placierung bestimmter Sendungen zu günstigen Zeiten erleichtert die Abhörmöglichkeiten oder übt sogar einen gewissen Druck auf den Hörer aus, aber den eigentlichen Kontakt bringt erst das Wie der Sendung. Eine Brücke zum Hörer zu schlagen, sein Hörinteresse zu wecken und seine Aufmerksamkeit wachzuhalten, das ist, was den lebendigen Wert eines Programms ausmacht. Durch gezielte Programmreihen können Hörer angeworben und Bildungserlebnisse vermittelt werden. Die stärkste Wirkung erzielte der Rundfunk mit der Bindung von Wort und Musik. Einblick in die Zeit und die gesellschaftliche Umwelt des Interpreten, des Komponisten, seine Persönlichkeit, seine Gedankenwelt, den gedachten Hörerkreis usw. können Interesse wecken und neue Dimensionen öffnen: Lebensbilder, Musikalische Landschaften, Städtebilder und Künstlerporträts wie z. B. die von Josef Müller-Marein und Hannes Reinhardt gestaltete Reihe »Das Musikalische Selbstporträt« des Norddeutschen Rundfunks, deren Texte auch als Buch erschienen sind.

Der Westdeutsche Rundfunk brachte aus Anlaß des 80. Geburtstags von Igor Strawinsky eine Reihe von elf Sendungen in der Hauptsendezeit am Sonntagabend, in der hervorragende Persönlichkeiten des kulturellen Lebens sich mit dem Werk und der Person Strawinskys auseinandersetzten. Die Reihe erschien ebenfalls als Buch.

Die Zweiten (in Deutschland seit 1950) und Dritten Programme (in Deutschland seit 1954) gaben die Möglichkeit der Kontrastierung zwischen Wort und Musik, oder Leichter und Ernster Musik in den verschiedenen Wellen. Sie verführten aber zum Teil zur Einseitigkeit (Wortlastigkeit im Dritten Programm, Berieselungsmusik im Zweiten Programm, etwa nach dem Modell der amerikanischen SCA-Programme – Subsidiary Communications Authorization –, die für Warenhäuser, Wartezimmer, Fabrikhallen, Hotels gemietet werden können). Die Musik füllt heute überall etwa die Hälfte des Rundfunkprogramms, davon entfällt im günstigsten Fall je ein Drittel auf die Ernste, die Unterhaltungs- und die Tanzmusik. Seit 1959 strahlen die in der ARD zusammengeschlossenen Landesrundfunkanstalten eine Nachtversorgung mit der »Musik bis zum frühen Morgen« gemeinsam aus. »Aktualitäten« blieben einige wenige Live-Übertragungen aus dem Musiktheater und dem Konzertsaal und gelegentlich – was früher so beliebt war – aus dem Konzertcafé oder der Tanzbar.

»Die Initiative des Rundfunks beginnt in der Programmgestaltung«, schrieb Hans Mersmann, der Musik-

pädagoge. »Allen alles, allen das Beste nach eigener Wahl«, sah Alfred Szendrei, der Rundfunkmann, als höchstes Ziel an. In der richtigen Dosierung zwischen Bildung und Unterhaltung, wäre hinzuzufügen.
Programmzeitschriften gibt es seit den Pioniertagen des Rundfunks. Sie können als Mittler zwischen Sender und Hörer dienen und über die notwendigen Informationen hinaus Anregung und Vertiefung vermitteln. In Deutschland haben sie sich nach dem Kriege größtenteils in Illustrierte Zeitschriften verwandelt, die Warenhäusern gleichen, in denen man die Nebenabteilung Hörfunk mit allem was dazugehört, suchen muß. Sie entsprechen weder in der Aufmachung noch in der Substanz dem Wesen des Rundfunks. Wie wohltuend und zweckentsprechend waren dagegen die Programmzeitschriften vor 1933 und sind heute die Blätter des österreichischen und schweizerischen Rundfunks zum Beispiel – vor allem aber »The Listener« der BBC.

Radiophonie – Radiostereophonie

Schon Mitte der zwanziger Jahre waren im Rundfunk Versuche mit Stereophonie angestellt worden. Zur praktischen Ausführung kamen sie in Deutschland Anfang der vierziger Jahre, als im Berliner Rundfunk eine Reihe von stereophonen Orchesteraufnahmen durchgeführt und in Versuchssendungen ausgestrahlt wurde. Erhalten blieben Produktionen mit Herbert von Karajan und Walter Gieseking. Der Krieg ließ die weitere Entwicklung zum Stillstand kommen. Als die Schallplatte begann, stereophone Aufnahmen zu machen, wurde auch im Rundfunk wieder mit Stereophonie experimentiert. Der Sender Freies Berlin strahlte Weihnachten 1958 die erste deutsche stereophone Sendung über zwei UKW-Sender aus. In den Vereinigten Staaten waren 1958 von dreieinhalbtausend Sendestationen etwa 25 in der Lage, über eine Welle im Pilotton-Verfahren zu senden. Seit 1959 gab es regel-

mäßige Sendungen nach dem gleichen Verfahren von Radio Hilversum und Radio-Paris.
Seit der Funkausstellung 1961 wurde in Berlin Musik vorwiegend stereophon produziert und über eine UKW-Welle gesendet. Nach und nach begannen auch die übrigen Anstalten der ARD mit regelmäßigen Stereosendungen. Bis 1966 waren etwa eine Million Stereoempfänger in Europa, etwa ein Zehntel davon in Deutschland in Betrieb.
Für die Tonaufnahme ergaben sich neue Probleme und neue Möglichkeiten. Nicht alles erschien stereogerecht. Bei großen Klangkörpern wie Orchester, Chor, bei Oper und Operette bot sich das Verfahren von selbst an. Bei solistischer und Kammermusik war es zunächst strittig, ob die Placierung im Raum nicht von Werk und Interpretation ablenkte. Die Erfahrung lehrte allerdings, daß die »Natürlichkeit« des Klanges den Gesamteindruck einer Musikübertragung hob. Problematisch war und blieb die Stereophonie bei arrangierter Unterhaltungs- und Tanzmusik, die nicht im natürlichen Raum erklingt, sondern mit Polymikrophonie ein vordergründiges Nebeneinander der Instrumente erzeugt. Das Rechts-Links von Melodie und Begleitung oder von Effekten nutzt sich rasch ab und führt beim Hörer zur Ermüdung. Stereogeeignete Aufnahmen können hier nur von der Seite des Komponisten oder Arrangeurs her entstehen.
Als Paradestücke für Stereophonie erwiesen sich, abgesehen von Oper, Oratorium und Operette, mehrchörige Werke, wie z. B. die Doppelquartette von Ludwig Spohr oder das Doppelkonzert für zwei Streichorchester, Klavier und Pauken von Bohuslav Martinu, die ohne Stereophonie eigentlich sinnvoll nicht zu übertragen sind.
Vom Deutschen Zentralverband für die Elektroindustrie wurde ein alljährlicher Stereopreis für hervorragende Musik- und Wortproduktionen ausgesetzt. Er wurde 1966 dem Sender Freies Berlin für die Produktion von Jacques Wildbergers »Epitaph für Evariste Galois« zuerkannt.

Funkoper

Als eine der wirksamsten Formen der Radiomusik erwies sich das musikalische Sendespiel – wie es in der Frühzeit des Rundfunks hieß. Es reichte vom Hörspiel mit Musik über Kantate und Funkoratorium bis zu Funkoper, die Grenzen blieben fließend. Die Diskussionen um die gesendete Oper, ob Oper im Funk oder Funkoper, blieben offen. Beide Gattungen lebten weiter.
Teils fuhren die Komponisten zweigleisig, indem sie an die Möglichkeiten des Funks und der Bühne dachten; finanzielle wie künstlerische Erwägungen mochten dabei mitsprechen. Teils war die Sendung im Funk auch für speziell angelegte Höropern nur die Vorstufe für eine spätere Theateraufführung wie »Die Flut« von Boris Blacher, »Columbus« von Werner Egk, »Die schwarze Spinne« von Heinrich Sutermeister u. a. Eine scharfe Trennungslinie zwischen Hör- und Sehoper wurde nicht gezogen. Die Formel Wort und Musik für die Bühne, Musik und Wort für den Funk blieb theoretischen Überlegungen überlassen. Ein ausgesprochenes Erfolgswerk gab es unter den Rundfunkopern nicht.
Hans Vogt sagte: »Die Oper im Funk muß mit der Tradition der Bühne verbunden bleiben.« Er komponierte auf Hermann Kasacks Dichtung »Die Stadt hinter dem Strom«. Hermann Reutter sah keine unvereinbaren Gegensätze zwischen Oper und Funk, er schrieb nach der Novelle von Thornton Wilder »Die Brücke von San Luis Rey«. Hans Werner Henze komponierte »Ein Landarzt« nach Franz Kafka und »Das Ende einer Welt« auf den Text von Wolgang Hildesheimer – sozusagen Opern für Blinde, wie Henze es ausdrückte. Henk Badings baute alle Möglichkeiten der akustischen Suggestion – wie er formulierte – in seine Funkoper »Orestes« ein, für die er 1954 den Prix Italia erhielt.
Als geeignet zeigten sich Stoffe, die stärker an innerer als an äußerer Handlung waren. Märchen, Fabeln, Er-

zählungen wurden bevorzugt. Sprecher, Sänger, Chor, Musik und Geräusch standen gleichberechtigt nebeneinander. Die Prognose, daß der Hörer nur Funkopern wünscht, die er schon vom Theater her kennt, traf nicht zu. Der »Widersinn« der funkischen Gestaltung eines im Optischen und Akustischen gestalteten Werkes war lebensfähig und stellte den Komponisten mitten ins Leben. So schrieb der Komponist Henri Dutilleux: »Das radiophonische Musiktheater, von dem wir träumen, ist keine Utopie. Dabei ist es nötig, daß der Komponist überall dabei ist, daß er nach der Vollendung seiner schöpferischen Arbeit bei allen Phasen der Montage des Werkes mithilft.«

Ob Sendespiel mit Musik, ob Funkkantate, ob Funkoratorium oder Funkoper, ob traditionelles Instrumentarium, ob Musique concrète oder Elektronische Musik – der Rundfunk hat als kulturelle Institution und als Technischer Mittler die schöpferische Phantasie der Künstler angeregt. In fünf Jahrzehnten Rundfunk sind mehrere hundert radiophonischer Werke entstanden. Aufträge der Rundfunkstationen, internationale Preisausschreiben, Kompositionswettbewerbe und vor allem der 1948 gestiftete Prix Italia – seit 1962 auch auf radiostereophone Werke erweitert – dienten der Förderung rundfunkeigener Musik.

Elektronische Musik

Mit elektronischer Musik wurde in der Rundfunkversuchsstelle in Berlin seit Mitte der zwanziger Jahre experimentiert. Ernst Toch und Paul Hindemith hatten sich mit Tonmontagen auf Schallplatten beschäftigt. Das Trautonium wurde 1931 auf der 2. Tagung für Rundfunkmusik in München vorgestellt. 1932 kam es in der Berliner Funkstunde zum ersten Konzert elektrischer Musikinstrumente mit Neo-Bechstein-Flügel – Trautonium, Hellertion, elektrischer Geige und elektrischem Cello und Thereminstrumenten. Seit Mitte der vierziger Jahre beschäftigte sich

Pierre Schaeffer im Studio von Radio Paris mit Geräuschmontagen. 1947 schuf er zusammen mit Claude Arrieu die radiophone Oper für eine Stimme und zwölf Ungeheuer »La Coquille à Planètes«, 1948 stellte er sein »Concert de bruits« vor, 1953 in Donaueschingen das »Spectacle lyrique Orphée«. Sein Tonmaterial waren Geräusche des Alltags, die er durch Transformation veränderte und als akustischen Film montierte. Im »Club d'Essai«, dem 1951 von der RTF in Paris eingerichteten Forschungsinstitut, beschäftigten sich zahlreiche französische Komponisten mit dem neuen Medium und schufen selbständige konkrete Werke oder Gebrauchsmusiken.
»Es ist kein Wunder, daß der Rundfunk der elektronischen Musik den Weg geebnet hat. Er ist im doppelten Sinn ›Mäzen‹, als Auftraggeber der Komponisten und als Inhaber des technischen Instrumentariums, das zur Herstellung elektronischer Musik notwendig ist«, schrieb 1958 Herbert Eimert, der seit 1951 im Elektronischen Studio des Westdeutschen Rundfunks in Köln mit dem Physiker Werner Meyer-Eppler und dem Techniker Fritz Enkel zusammenarbeitete. In Köln wurden durch Tongeneratoren elektrisch erzeugte Klänge elektronisch verarbeitet. Über die Tätigkeit des Komponisten sagte Karlheinz Stockhausen: »Elektronisch komponieren heißt: das Klingende in mechanischen und elektro-akustischen Maßen beschreiben und ganz in Maschine, Apparat, Schaltschema denken; mit einmaliger Produktion und beliebiger Wiederholbarkeit der Komposition rechnen.« Beim neuen Musikfest 1953 in Köln wurde erstmals elektronische Musik öffentlich vorgeführt.
Eine Kombination elektronischer Musik mit den traditionellen Instrumenten hielt Pierre Boulez für möglich, »wenn beide Seiten auf ästhetisch gleichem Niveau stehen. Solange der orchestrale Klang kultivierter als die Elektronik ist, solange hat die Verbindung keinen Wert«.
Die elektronischen Komponisten suchten zur Kompen-

19. Oskar Messters Lebende Photographien mit Musikbegleitung im Synchronisationsverfahren

20. Ton-Film-Kino um 1900

Auch der

Solo-Pianist

im kleinen Kino

kann seine Filme sachgemäß und

künstlerisch **illustrieren** mit Benutzung unserer

PIANO - SOLO - Sammlungen

Kinothek, Filmpianothek, Pianorgan

10 Bände je M. 2.— 26 Bände je M. 2.— 30 Bände je M. 1.50

Genaue Verzeichnisse kostenfrei

Schlesinger'sche Buch- u. Musikhandlung, Berlin-Lichterfelde u. Leipzig

C. Haslinger, Wien I

21. Ankündigung von Musikstücken für »Solospieler in kleinen Kinos«

22. Erstes Tonfilm-Atelier der Triergon-Gruppe in Berlin

sation – wie Karlheinz Stockhausen argumentierte – die Schallrichtungen und die Bewegung der Klänge im Raum zu gestalten und als eine neue Dimension für das musikalische Erlebnis zu erschließen. Es müßten neue, den Anforderungen der Raum-Musik angemessene Hörsäle gebaut werden, so bekäme auch das gemeinschaftliche Hören in Musikhallen, im Gegensatz zum Radiohören, wieder einen neuen Sinn.

Neue und Neueste Musik

Der Hessische Rundfunk setzte die schon vor dem Kriege begonnene Pflege der Neuen Musik – zum Teil in Zusammenarbeit mit den von Wolfgang Steinecke eingerichteten Kranichsteiner Ferienkursen in Darmstadt – fort. Der Bayerische Rundfunk nahm sich der von Karl Amadeus Hartmann ins Leben gerufenen Musica-Viva-Reihe an. Der Südwestfunk in Baden-Baden wurde unter Heinrich Strobel zur »Brutstätte« Neuer Musik und zum Mäzen der Donaueschinger Musikfeste. Der Norddeutsche Rundfunk trat mit der Reihe »Das Neue Werk«, der Westdeutsche Rundfunk mit den Veranstaltungen »Musik der Zeit«, der Süddeutsche Rundfunk mit den »Tagen zeitgenössischer Musik« und den öffentlichen Veranstaltungen »Jugend hört Neue Musik«, Radio Bremen mit »Wege zur Neuen Musik« und der Sender Freies Berlin mit der Reihe »Musik der Gegenwart« für das zeitgenössische Schaffen ein. Der Anteil an neuer Musik beträgt etwa zwei Prozent vom Gesamtprogramm.
Die Dokumentationsreihe »Neue Musik in der Bundesrepublik«, im Auftrag der Deutschen Sektion der Internationalen Gesellschaft für Neue Musik herausgegeben, und die Übersicht über Ursendungen der Rundfunkanstalten im jährlichen Internationalen Handbuch für Rundfunk und Fernsehen ergeben ein recht schillerndes Panorama und zeigen, wie weit Stil und musikalisches Material heute auseinanderklaffen. So schrieb Ulrich Dibe-

lius 1966: »Der Rundfunk verhinderte jedenfalls eine Spaltung des Musiklebens in die Exklusivität der wenigen, deren Kompositionen bei den Festivals für Neue Musik aufgeführt werden, und jene musikalische produktive Allgemeinheit, die sich auf den Höhen und in den Niederungen der dicht besiedelten deutschen Kulturlandschaft tummelt. Er verhinderte aber auch eine Gruppenbildung mit deutlich formulierten Postulaten. Es gab dank seiner Vermittlung zwischen Experiment und Restauration, zwischen Outsidertum und Betrieb zu viele Anschlußstellen, eine ganze Skala von Auswahlmöglichkeiten, auf der sich jeder nach Vermögen und Gelingen selbst einstufen konnte.«

Leichte Musik

Die leichte Musik, die den größeren Teil des Musikprogramms ausmacht, gibt die untere Grenze im Niveau des Kulturinstruments Rundfunk an. Die Reputation, die sich eine Sendeanstalt damit gibt, wird vom Hörer auf das Gesamtprogramm projiziert. Wer sich billiger Mittel bedient – die Politiker liebäugeln oft damit, im Glauben, die sogenannte Masse der Hörer anzusprechen – wird dementsprechend gewertet. Der Rundfunk, einst als Unterhaltungsrundfunk entstanden, hat die Möglichkeit und die Aufgabe, die ganze Skala der unterhaltenden Musik aufzubieten und geschmacksbildend zu wirken, wenn er sich nicht selbst außer Kurs setzen will. Die Argumentation der BBC lautet: »To develop the Light Programm for people, who look to broadcasting purely for relaxation and amusement. Having gained the attention and confidence of this broad base of listeners, it is the aim of the Light Programm to interest them in life and the world around them.« Die Verbreitung von Berieselungsmusik allein bedarf keiner Öffentlich-Rechtlichen Anstalten, die als Kulturinstitute geschaffen wurden. Deswegen ist auch für Unterhaltungs- und Tanzmusik im Rundfunk

vor allem Qualität und Verschiedenartigkeit zu fordern. Es gibt keine Mode und keinen Geschmack, der nicht von irgendjemand »gemacht« würde, der Rundfunk ist das legitime Instrument dazu.
Das Repertoire der Unterhaltungsmusik ergänzt sich, gewissermaßen von oben her, laufend durch populär gewordene Werke der Ernsten Musik. Die einst beliebten und inzwischen abgesunkenen Stücke der Unterhaltungsmusik werden – gewissermaßen von unten her – durch neue Arrangements, die sich am fortschrittlichen Klang der Instrumentation von Debussy bis Strawinsky orientieren, wieder angehoben. Dem Arrangeur fällt hierbei eine wesentliche Aufgabe zu, die gutes Handwerk und vor allem Stilgefühl verlangt. Der Zustrom an neuen Kompositionen, die sich großenteils an bewährte Muster halten, ist groß. Hier bedarf es der wertenden Auswahl seitens des Rundfunks und der Abwechslung bei der Programmgestaltung.
Um Maßstäbe zu setzen und Anregungen zu geben, werden seit Jahren »Wochen der leichten Musik« veranstaltet.
Über eine der letzten Veranstaltungen, die von 62 Komponisten »beliefert« wurde, schrieb Walter Panofsky: »Insgesamt zeigte das Festival, daß sich im Land der Unterhaltung ein musikalisches Esperanto entwickelt, mit Gershwins Vokabeln, Debussys Floskeln, Prokofjews Syntax und Ravels beziehungsweise Schostakowitschs Deklination. Doch diese Vorbilder sind die schlechtesten nicht. Es kann selbst dort, wo die Adaptionen recht weit gehen, nur von allgemeinem Vorteil sein, wenn sich die U-Komponisten an solchen exemplarischen Leitbildern orientieren. Das daneben auch beispielsweise mit spielerischen Elektroneneffekten experimentiert wird und manche raffinierte Instrumentation schon auf die Stereophonie im Rundfunk abzielt, rundet das Bild positiv ab. Im übrigen gibt es, trotz U und E nur zwei Arten von Musik, nämlich gute und schlechte.«

Der Rundfunk als Kulturträger

Der Rundfunk hat Musik und Musiker aus der begrenzten Welt des Musiklebens in eine größere Welt gestellt und damit den Sozialisierungs- und Kommerzialisierungsprozeß, der mit der zunehmenden Verbreitung der Musik und dem Entstehen eines internationalen Musikbetriebes parallel lief, beschleunigt. Das brachte neue Existenz- und Wirkungsmöglichkeiten für schaffende und nachschaffende Musiker mit sich, das bewog aber auch die Mächtigen der Welt, sich die Musik dienstbar zu machen und als »Emotionswecker« in ihre politischen und geschäftlichen Planungen einzubeziehen. Es entstand Werbung durch Musik für Ideen (vom Marschlied bis zur Heldenkantate, von nationaler volksverbundener Musik bis zum poetischen und sozialistischen Realismus) – Werbung durch Musik für Politik (Schlager und Beatmusik vor Nachrichten, Kommentaren oder in Wahlsendungen) – Werbung durch Musik für Waren (Identifizierung von Melodien mit Industrieerzeugnissen – noch sendet vor Hollands Küste der Piratensender auf entliehener Welle ›Radio Nordsee International‹, aber schon werden fliegende Sendestationen geplant, die ähnliches fortsetzen sollen) –, Werbung durch Musik für Musik (nach Erfolgsrezepten hergestellte Schlager und Schnulzen).
Andererseits hat der Musiker – der Begriff ist hier für die Vielzahl der Musikberufe, die im Rundfunk tätig sind, eingesetzt – im organisatorisch-künstlerischen Gefüge des Rundfunks Positionen erreicht, die ihm die Möglichkeit geben, die menschen- und völkerverbindende Kraft der Musik über gezielte und trennende Politik und amusisches Managertum hinweg wirksam werden und dem Leben dienen zu lassen. Die Austrahlungsmöglichkeit musischer Kräfte über das Medium Rundfunk steht der »gigantischen Entwertung« – wie von Kulturphilosophen heute gern argumentiert wird – entgegen. Der Rundfunk ist zumindest in Deutschland der bedeutendste Kultur-

träger geworden. Hier liegt die Aufgabe und Verpflichtung der Verantwortlichen des Rundfunks und insbesondere der Musikleiter.

Der Tonfilm siegt

Der Ende der zwanziger Jahre aufkommende Tonfilm veränderte in kurzer Frist die Situation des Films. Wenn auch die ersten »sprechenden« Filmstreifen noch als Experiment anzusehen waren und geteilte Aufnahme bei Publikum und Kritik fanden, wenn auch die Großen des Stummfilms wie Charly Chaplin und Sergej Eisenstein sich dem Neuen widersetzten, die Zukunft gehörte denen, die sich um den Tonfilm bemühten. Für die Technik bedeutete es nicht nur neue Aufnahmeapparaturen, sondern vor allem die Umstellung der Kinotheater.
Für die Filmwirtschaft bedeutete die Einführung des Tonfilms den Verlust des internationalen Marktes. Eine Weile suchte man durch mehrsprachige Versionen dem entgegenzuwirken. Der erste deutsche UFA-Tonfilm »Melodie des Herzens« z. B. wurde in deutscher, englischer, französischer und ungarischer Sprache gedreht.
Der Tonfilm brachte einschneidende Veränderungen auch für die künstlerischen Berufe. Der Regisseur – in der Stummfilmzeit oft sein eigener Kameramann und Produzent – verlor die Alleinherrschaft. Manche Schauspielernamen gerieten rasch in Vergessenheit, neue tauchten auf. Zum geistigen Urheber avancierte der Autor. Schon die Drehbücher der ersten Tonfilmversuche zeigten die Trennung von Bild (links) und Ton (rechts). Die Möglichkeit vollkommener Synchronität entfesselte die ganze Skala der akustischen Welt.
Der Klang der menschlichen Stimme, Geräusche aller Art, Musik wurden wesentliche dramaturgische Faktoren. Die vom Stummfilm her bekannte Methode des »Musikteppichs« wurde in verfeinerter Form fortgeführt. Besonders in Hollywood wurde diese Praxis des »Under-

scoring« oder »Micky-mousing«, das jede Bewegung, Gefühlsäußerung und Stimmung in der Musik abfängt, kultiviert und brachte den Komponisten viel Geld ein.
Der erste amerikanische Spielfilm mit Ton, »Don Juan« (1926), überraschte das Filmpublikum mit Musikeinlagen (Henry Hadley dirigierte die New Yorker Philharmoniker) und Geräuscheffekten.
Alfred Hitchcock, der englische Meisterregisseur, gab in seinem ersten Tonfilm »Blackmail« (1929), der noch stumm gedreht und nachträglich synchronisiert wurde, beispielhafte Tonmontagen. Die Musik schrieben A. Barth und H. Stafford. Knarrende Türen, kreischende Bremsen, hallende Schüsse, Musikeffekte gehörten fortan zum Repertoire der Gangsterfilme, die besonders im Amerika der Prohibitionszeit in Mode gekommen waren.
Walter Ruttmann, der deutsche Filmpionier, hatte in seiner Studie »Wochenende« (1927) klassische Beispiele eines Zusammenklangs von Geräusch und Ton geschaffen. Schon Mitte der zwanziger Jahre hatte er vorausschauend gesagt: »Die Entwicklung des Films bewegt sich nicht auf einer autonom-kulturellen Linie, sondern ganz einfach am Gängelband technischer Fortschritte. Die Technik ist für sie der deus ex machina, der immer dann von neuem einzugreifen hat, wenn die Wirkungskraft ihrer letztvergangenen Auffrischung sich zu erschöpfen beginnt. Wenn der stumme Film nicht mehr »zieht«, muß die Technik ihn tönend machen, wenn der Tonfilm nicht mehr genügt, muß er farbig werden, plastisch usw. Das bedeutet viel für das Unterhaltungsmittel Film, verschwindend wenig für den Film als Kunst.«

Erste Tonfilme in der Welt

Musik und musikalische Stoffe waren willkommene Vorwürfe für die ersten Tonfilme. In der Reihe der tönenden Kurzfilme, die seit 1928 in Berlin entstanden, waren

Streifen wie »Paganini in Venedig«, »Und Nelson spielt« mit Rudolf Nelson am Klavier, »Ramona« nach der Melodie von Mabel Wayne mit dem Tanzorchester Bernhard Etté. Von den acht deutschen Spielfilmen, die 1929 produziert wurden, hatten zwei musikalische Titel:
»Melodie der Welt«, Musik: Wolfgang Zeller, »Melodie des Herzens«, Musik: Werner Richard Heymann.
Zwei weitere Filme waren nach dem Hauptschlager benannt: »Wenn du einmal dein Herz verschenkst«, Musik: Willy Rosen, und der Detektivschwank »Wer wird denn weinen, wenn man auseinandergeht«, Musik: Hans May.
In den übrigen vier Filmen des Jahres 1929 gaben vier Komponisten, die schon für den Stummfilm geschrieben hatten, ihre Visitenkarte als Tonfilmkomponist ab:
Giuseppe Becce in der historischen Komödie »Günstling von Schönbrunn«, Werner Schmidt-Boelcke in »Dich hab ich geliebt«, Wolfgang Zeller in »Das Land ohne Frauen«, Hansom Milde Meißner in »Die Nacht gehört uns« (Regie: Carl Froelich) dem ersten »Künstlerischen« deutschen Tonfilm.
Friedrich Holländer schrieb die Melodie zu »Ich bin von Kopf bis Fuß auf Liebe eingestellt«, ein Lied, das Marlene Dietrich in dem Film »Der Blaue Engel« (1930) sang, den Josef von Sternberg nach dem Roman »Professor Unrat« von Heinrich Mann drehte. Der Film wurde zum Modell für eine »tonfilmische« Dramaturgie.
Musik verhalf den ersten amerikanischen Tonfilmen »The Jazzsinger« (1927), Musik von L. Silvers, »The singing fool« (1928) und der ersten »Broadway Melody« (1929) mit Erfolgsnummern wie »You are my lucky star« von Nacio Herb Brown zum Durchbruch. Ernst Lubitsch schuf 1930 mit »Love Parade« das Modell des Operettenfilms, der sich für den internationalen Markt eignete. In Jeanette Macdonald und Maurice Chevalier fand er ein ideales Paar. Die Musik stammte von Victor Schertzinger.
Charlie Chaplin setzte seinen Stil auch im Tonfilm fort. Der Ton diente ihm zur Kontrapunktierung und Karikie-

rung; die Musik schrieb er sich selbst, wie z. B. zu »City Lights« (1930), »The Great Dictator« (1941) und noch ein Jahrzehnt später zu »Limelight«. Walt Disney, seit Anfang der zwanziger Jahre mit wechselndem Erfolg um den Zeichentrickfilm bemüht, setzte alle Hoffnungen auf seine neue Figur, die »Micky Mouse«. Die Produzenten waren nicht interessiert, aber das Publikum begeisterte sich. Disney hatte rechtzeitig die neue Chance des Tonfilms erkannt und nicht an Stimmen, Geräuschen und Musik gespart. Der erste Micky-Mouse-Tonfilm »Steamboat Willy« (1928) – auch die Musik stammte von Walt Disney – begründete den Weltruhm der Disney-Filme. »Snow-white and the seven dwarfs« (1937) war der erste abendfüllende Farbtrickfilm. Die kongeniale Musik Frank Churchills wurde ebenso bekannt wie der Film selbst.

René Clair, der nur zögernd an den Tonfilm heranging und glaubte, daß der Ton das Ende des Films brächte, setzte mit seinen ersten drei Tonfilmen Marksteine nicht nur für die französische Filmkunst. »Sous les toits de Paris« (1930) wurde zum Muster des Milieufilms, dem der Pariser Gassenhauer A. Bernards das echte Kolorit verlieh. Der österreichische Tonfilm nahm sich mit Erfolg der Operette an. Ludwig Berger drehte den »Walzerkrieg« (1933) zwischen Joseph Lanner und Johann Strauß. Willi Forst legte eine ganze Serie von liebenswürdigen Musikfilmen vor. In Ungarn wurden seit Mitte der dreißiger Jahre Lustspiel- und Operettenfilme am laufenden Band gedreht.

Der tschechoslowakische Tonfilm begann mit der Verfilmung des tschechischen Singspiels »Das Schusterfest« von J. K. Thyl (1930). Wertvolle Filmmusiken stammten von Bohuslav Martinu, wie zum Beispiel zu »Die ungetreue Marijka« (1932).

Bis Mitte der dreißiger Jahre hatte sich der Tonfilm überall durchgesetzt. Nationale Produktionen entstanden, und fremdsprachige Filme wurden in den Landessprachen nachsynchronisiert. Mehr und mehr suchte man den Er-

folg alter Stummfilme zu wiederholen, indem man sie neu produzierte oder wenigstens vertonte.
Fritz Langs Gruselfilm »Dr. Mabuse« von 1922 wurde 1951 vertont. Walter Sieber und Hans Erdmann komponierten eine begleitende Musik dazu. 1962 wurde er als Tonfilm in der Regie von Werner Klingler gedreht. Manches der umheimlichen »Bildmelodie« von 1922 verlagerte sich nun in die Musik von Raimund Rosenberger.
René Clairs ironische Komödie »Der Florentinerhut« von 1927 fand 1939 seine Auferstehung in der Inszenierung von Wolfgang Liebeneiner mit der Musik von Michael Jary.
Sergej Eisensteins dokumentarischer Bericht über die Oktoberrevolution »Zehn Tage, die die Welt erschütterten« von 1927 wurde 40 Jahre später aus einer Kopie rekonstruiert, da das Negativ verloren gegangen war, und Dmitrij Schostakowitsch schrieb eine Musik dazu.

Entwicklung der Filmtechnik in Ton und Bild

Die Technik der Tonaufnahme im Film hatte an die Erfahrungen von Rundfunk und elektrischer Schallplatte angeknüpft. Die letztere war es ja, die immer wieder Anstoß zur Vertonung der Stummfilme gegeben hatte. Aber das Lichttonverfahren zeigte sich bald überlegen, was der Tonqualität der großen Musikfilme – von der »Broadway Melody« bis zu »Maytime« usw. – sehr zugute kam. Die Wiedergabe im Kinotheater ließ noch eine Weile zu wünschen übrig. Die Räume mußten akustisch umgestaltet (gedämpft) werden. Für die Entwicklung der Großlautsprecher brauchte die Technik noch geraume Zeit.
Wenn auch schließlich eine befriedigende Tonqualität erreicht wurde, blieb der Wunsch nach weiterer Verbesserung offen. Es lag nahe, das Magnetophonband, das sich rasch als bester Tonträger erwiesen hatte, auch dem Film dienstbar zu machen. Anwendung für einen Spielfilm fand es erstmals 1948 durch den Autor dieses Buches

bei dem Film »Wozzeck« (Musik: Herbert Trantow). Mit der Einführung des Magnettonfilmbandes um 1950, bei dem die Magnetspur anstelle der Tonspur auf dem Film angebracht war, war das Problem endgültig gelöst. Mit den größer werdenden Abmessungen der Leinwand im Kino (Breitwand ab 1953) ergab sich die Notwendigkeit der Anpassung des Tones. Er mußte aus der Richtung kommen, in der die bildliche Aktion erfolgte. Das forderte mehrere Lautsprecher und für einen raumgerechten Klang die Stereophonie. Abel Gance hatte seinen Stummfilm »Napoléon« von 1927, der auf drei nebeneinanderliegenden Leinwänden vorgeführt wurde, schon 1933 stereophon vertont. Arthur Honegger hatte die Musik dazu geschrieben. Walt Disneys Film »Fantasia« wurde 1940 mit drei Tonspuren vorgeführt. Leopold Stokowski hatte mit den Philadelphia Orchestra die Musikaufnahmen von Repertoirewerken gemacht, die der Film bildlich illustrierte.

Das Cinemascope-Verfahren von 1950 benutzte vier Magnettonspuren, das Todd Ao-Verfahren von 1957 sechs. Echte Stereophonie im Tonfilm blieb jedoch auf hochwertige Musikfilme beschränkt. Im Normalfall wird das sogenannte Pan-Pot-Verfahren angewendet, bei dem drei Lautsprechergruppen mit wechselnder Intensität je nach dem Bildvorgang gesteuert werden.

Wie Walter Ruttmann vorausgesagt hatte, wurde der Film farbig, als der Schwarzweiß-Film nicht mehr »zog« – wobei anzumerken ist, daß er das schon in seiner Anfangszeit gewesen war und daß Versuche mit der Farbe immer wieder angestellt wurden, ganz ähnlich wie es mit dem Ton geschah.

Der erste Tonfilm in Farbe war die Revue »On with the Show« (1929). Zum künstlerischen Höhepunkt wurde David O. Selznicks Filmepos »Vom Winde verweht« (1939). Die symphonische »Geräuschkulisse« schrieb Max Steiner dazu. England konnte 1944 den großartigen historischen Farbfilm »Henry V« von Laurence Olivier vorlegen, ein

Bildgedicht auf Shakespeares Verse mit einer hinreißenden Musik von William Walton.

Weg und Situation des Filmkomponisten

Für den Komponisten bedeutet der Film vor allem Gelderwerb und Existenzmöglichkeit, die ihm heute außer durch den Rundfunk und vielleicht die Schallplatte sonst nur in geringem Maß geboten werden. So groß die Ausstrahlung der Musik durch den Film auch sein kann – Aaron Copland schrieb: »Millionen werden die Musik hören, aber man weiß nie, wie viele davon wirklich zuhören! – so groß kann auch die Enttäuschung sein« – Arthur Honegger meinte: »Wenn man bedenkt, was von der Musik wahrnehmbar bleibt, dann ist es auch sehr bedauerlich und höchst entmutigend für diejenigen, die sich nicht damit zufrieden geben, in der Filmmusik nur einen mühsamen Broterwerb zu sehen.« Deswegen lehnten viele Komponisten die Arbeit für den Film ab. Robert Craft sprach über Igor Strawinskys Stellung zur Filmmusik: »Strawinsky liebte Filme und bisweilen die schlechten mehr als die guten, aber sie wären ihm alle ohne Musik lieber. Man bietet ihm jedes Jahr große Summen für die Musik zu einem Film; jedesmal ist er von neuem versucht, sie zu schreiben, sieht sich den Film an und sagt dann dem Produzenten immer wieder, er solle den Film nicht durch Musik verderben.« Allerdings waren Strawinskys »Four Norwegian Moods« ursprünglich für einen Film gedacht. Arnold Schönberg erhielt 1935 einen Auftrag zu einer Filmmusik für »The Good Earth«. An Schönbergs Forderung, daß an der Musik nichts geändert werden dürfte, scheiterten die Verhandlungen. Maurice Ravel komponierte 1932 für einen »Don-Quijote-Film« mit Fjodor Schaljapin in der Titelrolle seine drei Lieder »Don Quichotte à Dulcinée«. Der Film wurde jedoch mit der Musik von Jacques Ibert fertiggestellt. Andere Komponisten sahen in der Beschränkung der Filmmusik einen Anreiz für die Arbeit. D. Schostakowitsch schrieb: »Die Arbeit am Film macht die schöpferische Idee nicht ärmer, sondern bereichert sie des öfteren noch, gibt ihr einen Impuls für die Verbreitung und Entwicklung!« Sein Landsmann A. Chatchaturian sagte: »Kein anderes Gebiet des musikalischen Schaffens verlangt eine ähnliche Beherrschung der verschiedensten Formen – von den monumentalen symphonischen bis zu den Genre-, Marsch- oder Tanzformen. Ferner spielen beim Film außer der Musik noch die Geräusche eine nicht geringe Rolle. Dem Komponisten erwächst in der Verbindung hiermit nicht selten die ungewöhnliche Aufgabe, den harmonischen Klang dieser Geräusche zu organisieren ...«

Die Filmproduzenten haben immer wieder allzu selbständige Komponisten abgelehnt. Darius Milhaud schrieb in »Notes sans Musique«: »Seit langem herrschte in Filmkreisen eine Art Verfemung der sogenannten symphonischen Komponisten, einer von den Produzenten verachteten Klasse. Sie suchten Komponisten, die fähig waren, eine gleichzeitig populäre und kommerziell gängige Musik zu schreiben! Allmählich aber gelang es den Symphonikern, sich ihren Weg in die Studios zu bahnen, indem sie sich sozusagen falsche Nasen aufsetzten, das heißt, indem sie ihre Musik dem Geschmack der Filmproduzenten und Direktoren anpaßten. Sobald aber bewiesen war, daß gute Partituren wie Aurics Musik für »A nous la liberté« oder Honeggers Musik für »Les Misérables« populären Erfolg haben können, wurden diese Komponisten anerkannt und gesucht«.

A. Honegger berichtet, daß in den vierziger Jahren das »Comité d'organisation de l'industrie cinématographique« das Modell eines Vertragsschemas ausarbeitete, in dem folgender Satz stand: »Der Name des Komponisten muß auf den Anzeigen in Lettern gedruckt werden, die mindestens ebenso groß sind, wie die für den am wenigsten hervorgehobenen Schauspieler verwendeten.«

Musik – auch »gute« Musik und sogar experimentelle Musik – wurde also integrierender Bestandteil des Tonfilms. Filme ganz ohne Musik bilden die Ausnahme von der Regel.

Umgekehrt gingen von der Filmmusik mancherlei Anregungen auf die Komponisten aus, nicht nur daß sie Filmmusiken zu Konzertmusiken verarbeiteten – wofür es zahllose Beispiele gibt –, sondern auch, daß die Situation und Funktion der Musik im Film sie zu speziellen Kompositionen anregte.

Darius Milhaud komponierte z. B. eine Phantasie »Le boeuf sur le toit« – auf den Titel eines populären brasilianischen Liedes, die er als geeignete Begleitung für einen Film von Charly Chaplin ansah. Arnold Schönberg schrieb eine Begleitmusik zu einer gedachten Lichtspielszene. Ein großer Teil der Elektronischen Werke sind »akustische Filme«, die ohne den Vorlauf des Tonfilms nicht denkbar wären. Film und Musik beeinflußten sich also gegenseitig.

Filmmusiken erklangen aus der Originalpartitur oder zu anderen Werken bearbeitet in Konzertsaal, Rundfunk und von Schallplatten. Es erwies sich, daß die Kommunikation von Musik im Kinotheater durch die Bindung von Bild und Ton außerordentlich wirksam war.

Auf die verschiedenartigste Weise strahlt Musik im Film aus: Ästhetisch, emotionell, durch die dramatische Entwicklung, als Bild-Ton-Melodie oder Rhythmus, als formale Gestalt, als klingende Bewegung lebendiger Personen oder Gegenstände, als Klangsymbol von Raum, Zeit, Aktion oder auch Zustand.

Besondere Ansprache fanden die eingängigen Melodien, die aus dem Kinotheater ins Leben drangen, Querverbindungen aus dem Filmerlebnis zum Alltag oder aus dem eigenen Erleben zur Filmhandlung herstellten. »Die Musik gibt der Photographie Stimme und Seele, die Musik setzt Akzente unter bestimmte menschliche Situationen und löst sie aus«, sagte der italienische Kompo-

nist Antonio Veretti. Umgekehrt wurden populäre Melodien in Filmen verwendet.
Diese Methode führte in konsequenter kommerzieller Denkweise zu Filmen, die in einer Art illustrierten Schallplattenkatalogs Bilder auf die Titelfolge von Langspielplatten legten, ohne sich um eine durchgehende Handlung oder größere Zusammenhänge zu bemühen.

Ästhetik der Musik im Film

Theoretiker und die Filmkomponisten selbst haben sich seit Beginn des Tonfilms mit den Fragen der Zuordnung von Musik zum Bild in zahlreichen Pubkationen auseinandergesetzt. Sie versuchten Systematisierungen zu finden, um einen Katalog der Möglichkeiten aufzustellen. Im »Manifest« von S. Eisenstein, W. Pudowkin und G. Alexandrow von 1928 wird ein Asynchronismus des Tons zum Bild gefordert; der Ton soll das ergänzen, was das Bild nicht zeigt.
Der englische Theoretiker J. Huntley teilte die Filmmusik – gewissermaßen als legitimes Erbe der Opernmusik – in Featured and Background Music ein. Der französische Komponist Maurice le Roux schließlich gab drei Kategorien: »Musique Illustrative« in Synchronität und Kontrapunkt, die alle Anspielungen möglich macht – soweit sie dem Publikum verständlich werden, »Musique Décorative«, statt den Blitzschlag zu illustrieren, gibt sie das Klima eines Gewitters wieder –, »Musique«-Matériau de l'Image« – die klingende Ergänzung, die eine neue Dimension schafft. Bei allen Überlegungen stimmt überein, daß dem informierenden »eindeutigen« Bild, eine suggerierende »mehrdeutige« Musik gegenübersteht.
Die Ausdrucksmittel der Musik ändern ihre Bedeutung bei der Anwendung im Film grundsätzlich nicht, nur gelangen sie unter Umständen zu intensiveren Wirkungen, wenn sie, bewußt oder unbewußt, in Verbindung mit dem optischen Eindruck gebracht werden. Dabei unterstützt

nicht nur die Musik das Bild, auch das Bild trägt zum Verständnis der Musik bei. Das zeigt sich besonders bei Filmmusiken, die sich nicht, wie noch oft üblich, spätromantischer, sondern moderner Stilmittel bedienen. Die Bindung an Aktion und Gefühle macht auch ungewohnte Klänge plausibel.

Im Register der musikalischen Mittel steht natürlich an erster Stelle die Melodie, nicht die Melodie an sich, sondern als Charakterisierung, als Symbol. Sie ist am leichtesten erfaßbar, oft genügen wenige Noten, um an sie zu erinnern: sie kann von Dur nach Moll versetzt werden, variiert, deformiert, atomisiert werden – alles Dinge, die aus der konventionellen Musik geläufig sind. Die Harmonie kann in der Filmmusik, auch losgelöst aus musikalischem Zusammenhang, besondere Bedeutung erlangen. Hanns Eisler setzte in »Hangmen also die« auf die Erscheinung eines Hitlerbildes einen dissonanten zehnstimmigen Akkord.

Rhythmen, vom Bild abgenommen, ließen häufig Tanzformen entstehen, Bewegungsvorgänge oder Geräusche regten Maschinenmusiken an, wie in A. Honeggers »Pacific 231« oder in unzähligen Industriefilmen. Als günstige musikalische Formen haben sich neben der Liedform wegen ihrer »Elastizität« die Variationsform, Suite, Phantasie, Rhapsodie im Film bewährt, wie sie die Programm-Musik des 19. Jahrhunderts mit ähnlicher Zielsetzung entwickelt hatte. Die Zugrundelegung großer musikalischer Formen für einen ganzen Film, wie z. B. in »Symphonie eines Lebens« – Musik Norbert Schultze – blieb problematisch.

Der Instrumentation kommt in der Filmmusik besondere Bedeutung zu. Einzelne charakteristische Instrumente können – oft in akustischer Vergrößerung – mehr Wirkung hervorrufen, als der massierte Orchesterklang. Das in einer Stärke von 70 Musikern mit dem Helden hinkende Orchester in »Of Human Bondage« (Musik Max Steiner), erzielte eine weitaus geringere Wirkung als die

wenigen Töne des einzelnen Fagotts in »Ninotschka«, jedesmal wenn der gefürchtete Kommissar durchs Zimmer ging. Als originell erwies sich die Zuordnung von seltener verwendeten Instrumenten zu speziellen Effekten wie z. B. von Saxophon und Xylophon für Tierstimmen in Walt Disneys »Bambi«, von elektronischen Instrumenten wie dem Trautonium in dem Veit-Harlan-Film »Anders als du und ich«, der das Problem der Homosexualität behandelte, von elektronischer Musik für Ungewohntes und Unwirkliches wie in »20000 Leagues under the Sea« – Musik von Yves Baudrier. Seit den fünfziger Jahren hielt auch die rein elektronische Tonbandmusik ihren Einzug in den Film wie z. B. Pierre Henrys Klänge zu Jean Gremillons Film »Astrologie« (1953) oder Louis und Bebe Barrons Tonmontagen zu »Forbidden Planet« (1955), einem Zukunftsfilm. Auch der Trickfilm hat davon ausgiebig Gebrauch gemacht. Im Film gewinnen Verschmelzungen von Musik und Geräuschen durch Präparierung, Tricks usw. mehr und mehr an Bedeutung. Arthur Honegger benutzte z. B. in »Rapt« (1934) das rücklaufende Tonband, um den Eindruck des Unheimlichen hervorzurufen. Maurice Jaubert ließ in der Erinnerungsszene von »Un Carnet de Bal« (1937) den Walzer in der Erinnerungsszene rückwärts erklingen. Pierre Henry schuf für den holländischen Film »The Rival Worlds« (1955) stilisierte Insektengeräusche. Wlodzimierz Kotoński verwendet in dem polnischen Experimentalfilm »Vielleicht ein Fisch« (1957) konkrete und elektronische Musik für die vermenschlichten Figurinen.
Die Montagetechnik des Bildes wurde auch auf den Ton angewandt, wie in »Time of the Heathen« (1961) – Musik Lejaren Hiller – die Erinnerungen des Hiroshima-Fliegers in Bild und Ton aufgespalten wurden.
In der Architektonik der Filmmusik hatte sich von Anfang an das Leitmotiv bewährt. Von G. Monteverdi bis zu R. Wagner bewährt, schien es das rechte Mittel, den oft unzusammenhängenden Musikfragmenten eine innere Ein-

23. Erste Fernsehübertragungen aus dem Kuppelsaal des Reichssportfeldes in Berlin

24. Eine der ersten Opernübertragungen im Fernsehen 1944, Szene aus Giacomo Puccini »La Bohème« in der NBC-Television New York

heit zu geben. Viel beschimpft und viel gepriesen, hat es sich bis heute als wirksam erhalten. Der Vorwurf, daß es nur der »rote Faden für musikalisch nicht Vorgebildete« wäre, trifft beim Film weniger als bei der Oper zu, da er sich an ein allgemeineres Publikum als die musikalisch interessierten Theaterbesucher wendet. Mit einer Vielzahl von Leitmotiven organisierten Giovanni Fusco und Georges Delerue ihre Musik zu Alain Resnais »Hiroshima mon Amour«, sie wurden noch übertroffen von Miklos Rósza, der in »The strange Love of Martha Ivers« 40 Leitmotive verwendete, von denen natürlich nur die wichtigsten dem Kinobesucher bewußt werden konnten.

Auch Musikzitate haben in leitmotivischer Bedeutung Verwendung gefunden. Sie werden je nach der musikalischen Vorbildung des Kinopublikums »ankommen«.

Die Filmmusik entwickelte sich im Sinne der Forderung René Clairs, Vorgänge aus dem Bild in den Ton zu legen (»die Effekte müssen so ausgewählt werden, daß sie das Bild ersetzen können«), vom Illustrieren (Methode des Stummfilms), Dekorieren (früher mit »guter« oder Unterhaltungsmusik, heute oft mit Jazz), Synchronisieren (mickymousing), Kontrastieren (Bezüge außerhalb des Bildes), Dynamisieren (dramaturgischer Einsatz der Musik) bis zur vollständiger Integration der Musik in die Filmhandlung.

»Das präzise Hinzuerfinden von Musik ist der eigentliche »Einfall« des Filmkomponisten; Beziehungslosigkeit die Kardinalsünde«, schrieb Hanns Eisler in den vierziger Jahren.

Und Aaron Copland forderte eine Kritik der Musik im Film, die ihre Notwendigkeit bestätigen und ihre Qualität heben würde.

Der Film hat sein Publikum sehen und hören gelehrt, er hat die Welt verändert. Seine Einwirkungen sind in allen Künsten zu spüren, die Entwicklung der Neuen Musik ist ohne ihn nicht denkbar.

Der Idealfall einer Filmmusik ist für den Produzenten,

den U-Komponisten und Refrainsänger, daß sie zugleich als Schallplatte veröffentlicht werden kann, für den E-Komponisten, daß er eine geschlossene Komposition im eigenen Stil schreiben kann, für den Filmbesucher und den Regisseur, daß sie integrierender Bestandteil der Filmhandlung ist.

Fernsehen gestern und heute

Das Fernsehen war aus dem Rundfunk hervorgegangen und hatte ihn fortgesetzt. Erst allmählich wurde das neue Medium erschlossen. Anknüpfungen an die Erfahrungen und Möglichkeiten des Films gab es zunächst kaum, außer daß er willkommenes Mittel war, das Programm zu füllen. Die anfangs noch starre elektrische Kamera, ihre geringe Empfindlichkeit, das kleine Bild ließen die neuen optischen Möglichkeiten nur als Ergänzung zum gewohnten akustischen Erleben erscheinen. Solange »live« übertragen wurde, war man an feste Bildeinstellungen gebunden. Bewegte Kamera, Objektivwechsel, Vergrößerung der Anzahl von Fernsehkameras und Trickblenden gaben schließlich mehr Freiheit in der Bildführung. Allerdings wirken auch heute noch, zumal bei Musikübertragungen, die gleichbleibenden Blickwinkel der Fernsehkamera manchmal ermüdend.
Musik hatte im Fernsehen von Anfang an ihren Platz: Als selbständiger Faktor in Lied- und Instumentalstücken, als musikalische Nummer in Fernsehspielen aller Art, als Zwischenmusik, Hintergrundmusik, Pausenmusik zur Überleitung, und vor allem in Oper und Operette, um die sich Schallplatte und Film bereits seit der Jahrhundertwende und der Rundfunk ein Viertel-Jahrhundert später bemüht hatten.
Wenn auch die Fernsehkameras schon früh Außenübertragungen durchführten, kam es zu repräsentativen Musikübertragungen erst später. 1948 und 1949 wurden die

Eröffnungsvorstellungen der Opernsaison aus der Metropolitan Opera in New York mit G. Verdis »Othello« und R. Strauss' »Der Rosenkavalier« gesendet. Die BBC brachte Anfang der fünfziger Jahre Musiksendungen aus der Royal Festival Hall in London, wie z. B. 1953 das Abschiedskonzert von Kirsten Flagstadt sowie Übertragungen der Eröffnungs- und Abschlußveranstaltungen des Edinburgh-Festivals. Die RAI übertrug 1957 aus dem Teatro San Carlo in Neapel Arrigo Boitos Oper »Nerone«, das österreichische Fernsehen 1958 als Eurovisionssendung von den Salzburger Festspielen W. A. Mozarts »Cosi fan tutte«, das Deutsche Fernsehen W. Felsensteins Traviata-Inszenierung aus der Staatsoper Hamburg und 1961 die Eröffnung der Deutschen Oper in Berlin mit W. A. Mozarts »Don Giovanni« unter Ferenc Fricsay.

Die Vereinigten Staaten von Amerika hatten gegenüber dem europäischen Fernsehen einen Vorsprung von fast einem Jahrzehnt, obwohl die Entwicklung bis zum Zweiten Weltkrieg fast parallel verlaufen war. Bei Kriegsende gab es in Amerika sechs Fernsehsender und etwa 7000 Geräte, heute werden es 70 Millionen sein. Über 600 kommerzielle und über 100 nichtkommerzielle Sender (Educational Stations) strahlen ihre Programme aus »from coast to coast«. In den Großstädten gibt es bis zu sechs ganztätige Fernsehprogramme.

In Deutschland verlief die Entwicklung von 300 Geräten im Jahre 1952 bis zu fast 17 Millionen 1971. Gegenwärtig gibt es über 900 Strahler in der Bundesrepublik. Mit der Ausbreitung des Fernsehens ging die Zahl der Filmbesucher und der Spielfilmproduktionen stetig zurück.

Zum Ausgleich dafür gab das Fernsehen, das sich bis 1957/58 zur Speicherung seiner Programme ausschließlich der Filmaufzeichnung bediente, Aufträge an die Filmgesellschaften oder mietete Filmateliers für seine eigenen Produktionen. Zirkus und Varieté erlebten Einbußen durch das Fernsehen, die gefürchtete Konkurrenz für andere Medien blieb dagegen im wesentlichen aus.

Die Anregung durch das Fernsehen hat der Opernbühne neues Publikum zugeführt und Wünsche nach im Bildschirm erlebten Stücken laut werden lassen, wie Rolf Liebermann, Intendant der Hamburger Staatsoper, berichtet.

Das Fernsehen als »illustrierte« Schallplatte wurde für die Industrie eine noch wirksamere Werbung, als es der Rundfunk und der Film schon waren. Und ebenso wie Musik aus Spielfilmen auf Schallplatten veröffentlicht wurde, geschah es mit Musik aus Fernsehspielen. Die Musikverlage hatten sich mit der zunehmenden Verbreitung von Schallplatte, Rundfunk und Fernsehen mehr und mehr auf die Verwertung der auf Tonträger aufgenommenen Musik gelegt und sind zum Teil selbst Musikproduzenten geworden. Die Notenmaterialien für Orchester – und neuerdings auch für Kammermusikwerke – werden nicht mehr verkauft, sondern zu den Aufnahmen nur ausgeliehen. Der Verlag berechnet dafür eine Leihgebühr und erhält von den Sendern beim jedesmaligen Abspielen eine Wiederholungsgebühr, zusätzlich zu seinem Anteil an der Urhebergebühr, die die GEMA einzieht. Für das Große Recht (Oper, Operette, Ballett usw.) kassieren die Musikverlage einige tausend Mark beim Rundfunk, beim Fernsehen bis zum Zehnfachen davon. Daran haben die Autoren ihren Anteil.

Die Auseinandersetzung zwischen Rundfunk und Fernsehen findet innerhalb der Anstalten selbst statt. Zunächst »Kolonie« des Rundfunks, zog das neue Medium bald Idealisten und Fachleute aus dem verwandten Medium Film an. Auch wurden ganze Sendeformen des Hörfunks auf den Sehfunk übertragen. Es wird sich erweisen müssen, was fernsehgeeignet ist und wie weit die Substanz reicht, um den Zuschauer an einem vielstündigen Fernsehprogramm festzuhalten.

Fernsehtechnik auf dem Wege zum globalen Farbfernsehen

In der technischen Entwicklung des Fernsehens war die Einführung des Ikonoskops, das die mechanischen Verfahren der Nipkow-Scheibe und des Weillerschen Spiegelrades ablöste, entscheidend gewesen. Aufnahme und Wiedergabe konnte nun auf rein elektrischem Wege erfolgen. Die Lücke in der elektronischen Übertragung blieb bis Ende der fünfziger Jahre die Aufzeichnung auf Film, der heute nur noch zu Außenaufnahmen und Reportagen benutzt wird. Die Erfindung der magnetischen Bildaufzeichnung – nach der Herstellerfirma »AMPEX« benannt – schloß den Kreis. 1953 wurden in Amerika die ersten Geräte vorgeführt, die Bildsignale auf Magnetband speichern konnten. In Deutschland wurden Ende 1958 erstmals magnetische Bildaufzeichnungen gesendet (»Hier und Heute« im Regionalprogramm des WDR und »Vincent van Gogh« im Abendprogramm). Das Ampexverfahren beschleunigte die Entwicklung zur Bandsendung, wie wir sie vom Rundfunk her kennen. Ein wesentlicher Wirkungsfaktor des Fernsehens ging damit verloren. Ende der fünfziger Jahre noch hatte der Fernsehbeirat geklagt: »Mit großer Sorge beobachtet der Beirat die von der Live-Sendung wegführende Tendenz.« Heute ist die Live-Übertragung, die zunächst den Sinn des Fernsehens darstellte, abgesehen von den aktuellen Informationssendungen, die Ausnahme, und das Fernsehen zum Telekino geworden.
Trotz der Verschiedenheit der Systeme kam es früh zu internationaler Zusammenarbeit. Die Übertragung der Krönung der englischen Königin 1953 war die erste europäische Gemeinschaftssendung. Am 25. Juni 1967 ging die Sendung »Unsere Welt« über Nachrichtensatelliten von Land zu Land über den ganzen Erdball, nur einige Ostländer schlossen sich von der Direktübertragung aus. Die musikalische Gestaltung dieser Sendung lag beim

Österreichischen Fernsehen. Komponisten waren Georges Delerue und Alois Melichar, Ausführende die Wiener Symphoniker und die Wiener Sängerknaben.
Versuche mit der Farbe wurden schon in den Kindertagen des Fernsehens angestellt. Anfang der dreißiger Jahre wurde in den USA bei der Bell Company ein Dreifarbensystem, in Berlin bei Telefunken ein Zweifarbensystem entwickelt. Auf dem Berliner Presseball 1938 wurde Farbfernsehen öffentlich gezeigt.
Nach dem Kriege wurden die Versuche wieder aufgenommen. Auf der Funkausstellung 1951 in Berlin zeigte die CBS ihr Verfahren in einem bunten Programm, in dem u. a. Edith Schollwer, Maria Beling und Heinz Riethmüller mit seiner Kapelle mitwirkten. Drei Jahre später wurde das NTSC-Verfahren (nach dem National Televisions System Comittee benannt) von der Federal Communications Commission (FCC) in Amerika zur Norm erklärt. Der Volksmund deutete die Abkürzung NTSC wegen der häufig vorkommenden Farbverwerfungen als »Never the same colour«. Die erste Opernübertragung in Farbe unternahm die NBC 1953 mit G. Bizets »Carmen«. Frankreich entwickelte sein Secam-Verfahren (Sequentielle à memoire), Deutschland das PAL-Verfahren (Phase Alternation Line). Deutschland war das erste Land in Europa, das mit einem offiziellen Farbfernsehprogramm auf der Funkausstellung 1967 in Berlin begann.
Shows, Starrevuen wie der Gala-Abend der Schallplatte zur Eröffnung, Praliné-Sendungen mit Erfolgstiteln aus Oper und Operette schienen das Geeignete zur Werbung für das neue Medium.
Schon zuvor war ein Teil der Produktionen in Farbe gemacht worden, wie z. B. 1963 die Fernsehoper »Herzog Blaubarts Burg« von Béla Bartók, im Sommer 1966 Norbert Schultzes Märchenoper »Der schwarze Peter«, die erste farbige Opernproduktion des ZDF, oder im Herbst 1966 Dieter Finnerns »Alltag mit Musik« mit dem Tänzer Jürgen Feindt vom SFB.

Den vorläufig letzten Schritt voraus machte die Fernsehtechnik mit dem Video-Cassetten-Recorder und der Bildplatte, die 1971 auf der 1. Internationalen Funkausstellung in Berlin vorgestellt wurden. Während es sich beim Videogerät um eine Weiterentwicklung der magnetischen Bildaufzeichnung handelt, wie sie beim Ampex-Verfahren angewendet wird, stellt die Bildplatte eine Neuentwicklung dar. Die Grundidee der Schallplatte wurde der Farbbild-Tontechnik nutzbar gemacht. Auf einer dünnen Folie, die mit 1 500 Umdrehungen abgespielt wird, sind auf engstem Raum fünf Minuten Farbfernsehen gespeichert.

Funktion der Musik im Fernsehen

Von einer Emanzipation des Bildes, wie wir es in der Stummfilmepoche erlebten, oder des Klanges, wie es zu Beginn des Tonfilms geschah, konnte beim Fernsehen nicht die Rede sein. Der Film war zwar tönend zur Welt gekommen, hatte aber bald seine noch unentwickelte Stimme verloren und erst nach drei Jahrzehnten wieder gewonnen. Das Fernsehen wurde von seinen Erfindern von vornherein als audiovisuelles Medium annähernd gleichberechtigter Partner in die Welt gesetzt – das stumme Fernsehen der zwanziger Jahre konnte nur als experimentelle Vorstufe gelten. Der Fernsehton entsprach in seiner Qualität anfangs etwa dem Rundfunk, bis UKW-Technik und Stereophonie ihn überholten. Das Fernsehbild bedeutete gegenüber der Filmleinwand zunächst einen Rückschritt in Beweglichkeit, Differenziertheit und Ausdrucksfähigkeit, ganz abgesehen vom begrenzten Format und vom Fehlen der Farbe. Es hat durch technische Weiterentwicklung und künstlerische Durchdringung vieles aufgeholt. Das Fernsehen steht heute zwischen reduziertem Film und erweitertem Rundfunk, der seinerseits – ebenso wie die Schallplatte – die fehlende optische Dimension durch den Raumklang, die Stereophonie zu kompensieren sucht. Bild und Ton sind

im Fernsehen also näher und enger miteinander verknüpft als im Film, sie können sich nicht ohne weiteres voneinander lösen wie im Film, sie sind realer in ihrer Wirkung.
Grundsätzlich stellt das Fernsehen an die Musik keine anderen Forderungen als es Rundfunk und Film taten. Die Musik aus dem Fernsehapparat wird jedoch gleichwertiger Partner des Bildes, erreicht also einen Teil der Selbständigkeit, die sie im Rundfunk besaß. Wenn das Fernsehen nicht nur Telekino sein, sondern zu eigenen Wirkungen gelangen will, muß es dem Rechnung tragen und Bild und Ton den notwendigen Lebensraum lassen, ohne das eine oder das andere oder gar beide zu überfordern.
Beispiele dafür gab es genug in Mammutshows, die in die Bildröhre »gepreßt« wurden, in Televisionierungen Großer Opern, bei denen die Musik das Bild »verdeckte«. Ebenso war es bei phantastischen Bildhandlungen wie z. B. der Fernsehinszenierung von R. Schumanns »Das Paradies und die Peri« wie auch in den Versuchen, Songs und Schlager durch vielschichtige Bildmontagen und Tricks aufzumöbeln. Die »Bildmusik« erdrückte die klingende Musik oder decouvrierte die geringe Substanz der Schlager und die simple »Vortragsmasche« ihrer Interpreten. Der Anblick des Mikrophons mit der »Nabelschnur« in der Hand des Refrainsängers ließ den akustischen Eindruck noch weiter einschrumpfen.

Musikübertragung im Fernsehen

Während bei der Aufnahme von Musik auf Schallplatte und bei der Übertragung durch den Rundfunk zunächst technische Schwierigkeiten aufgetreten waren, um das Klanggeschehen naturgetreu wiederzugeben, erhoben sich beim Fernsehen ganz andere Probleme. Die Technik der Tonaufnahme war bereits hochentwickelt, wenn

auch die Stereophonie noch keinen Eingang ins Fernsehen fand. Die Bildübertragung gab in Abbildungstreue und Helligkeitsabstufung befriedigende Resultate und ermöglichte Perspektiven, die ein Konzertbesucher nicht haben konnte. Aber die Frage war, ob die vom Regisseur gewählten Bildausschnitte »natürlich« wirkten, ob nicht die Bildwechsel den Zusammenhang unterbrachen und vor allem, ob der Hörraum und der Bildraum in Auge und Ohr des Beschauers und in Erlebnis und Vorstellung einander entsprachen.
Bis zur Erfindung der Schallplatte war man gewohnt, Musik gleichzeitig zu hören und zu sehen. Versuche, den Tonfilm in den Dienst der Übertragung und Verbreitung von Konzertmusik zu stellen, blieben die Ausnahme, oder es handelte sich um auf die Handlung bezogene Musikszenen. Erst bei der Einführung des Fernsehens – der »optischen« Schallplatte oder des »bebilderten« Rundfunks – wurden die Probleme einer bildlichen Musikübertragung aktuell.
Um nun den Urzustand, Musik zu hören und zu sehen, wiederherzustellen, genügte es nach jahrzehntelanger Gewöhnung an das Nurhören bei Schallplatte und Rundfunk nicht, Mikrophon und Fernsehauge einfach auf den Klangkörper zu richten und alles übrige dem Dirigenten und den Musikern zu überlassen.
Rolf Unkel, der 1963 in einer der ersten Reportagen von einer Orchesterprobe und Aufnahme beim Süddeutschen Rundfunk Bildregie führte, schrieb: »Es gibt kein Rezept, wie man Musik im Fersehen serviert. Jede Veranstaltung erfordert geringfügige Varianten der Bildführung. In jedem Fall wird es das Beste sein, dem musikalischen Vorgang zu folgen. Wenn der optische Eindruck die Musik unterstützt, wird das Interesse geweckt, die Aufmerksamkeit wach gehalten.«
Auch gab es Stimmen, die einen Verzicht auf Fernsehkonzerte forderten, »bis ein verläßlicher Kanon der künstlerischen Möglichkeiten vorliegt«. Andererseits wurde

bald klar, daß das Fernsehen als Kommunikationsorgan auch für die Musik eine bedeutende Rolle spielen konnte.
Lionel Salter, der sich bei der BBC von Anfang an um die Musik im Fernsehen bemühte, gab eine Art ABC der Bildgestaltung. Ob es Allgemeingültigkeit erlangen und eines Tages Grundlage der Ausbildung von speziellen Musikregisseuren werden wird, ohne die das Fernsehen auf die Dauer nicht auskommen kann, muß die Zukunft zeigen.

Kammermusik

Beispiele musikanalytischer Bildführung – im Sinne L. Salters – gab und gibt es in Menge. Besonders bei der Übertragung und Aufzeichnung von Kammermusik erwies sie sich nicht als theoretisches Prinzip, sondern wurde vom Bildeindruck her bestätigt und erfüllt. In Erinnerung blieben besonders: M. Ravels Introduktion und Allegro für Harfe mit Begleitung von Streichquartett, Flöte und Klarinette, bei der die Physiognomie und Spielweise der Instrumente und ihre Mischung im Satz eindrucksvoll in Erscheinung trat (Süddeutscher Rundfunk). B. Bartóks Sonate für zwei Klaviere und Schlagzeug, gespielt von den Brüdern Kontarski und Christoph Caskel in der Reihe »Große Interpreten« des Norddeutschen Rundfunks.
Die Kammermusik nimmt in der Fernsehmusikproduktion einen ansehnlichen Platz ein. Das »Stiefkind des Musiklebens«, das im Konzertsaal heute oft falsch placiert ist, erwies sich als durchaus telegen.
Auch bei solistischen Aufnahmen suchte man in der Bildführung die Musik nachzuvollziehen. Da die optischen Möglichkeiten dabei begrenzt sind, konzentriert sich die Aufmerksamkeit vor allem auf den Solisten und sein Spiel. Die Persönlichkeit des Künstlers »füllt« das Bild.
Was für das solistische Musizieren galt, gilt natürlich auch für das Soloinstrument im Instrumentalkonzert. Als

beispielhaft ist hier die englische Aufzeichnung des Violoncellokonzertes von D. Schostakowitsch mit M. Rostropowitsch zu nennen, die auch durch Eurovision übertragen wurde. Jedes Thema der Komposition wurde aus einem bestimmten Blickwinkel gesehen. In der thematischen Verarbeitung wurden die Bilder ineinander überblendet. Hier bewies sich wieder, daß eine analytische Bildführung dem Musikverständnis in gleicher Weise wie dem Musikerlebnis dient. Minutiöse Vorbereitung und engste Zusammenarbeit eines eingespielten Teams sind die Voraussetzung solcher Produktionen.
Als bemerkenswertes künstlerisches und politisches Ereignis blieb auch die Übertragung des Doppelkonzertes von J. S. Bach am Tag der Vereinten Nationen mit Y. Menuhin und I. Oistrach in Erinnerung. Hier war es weniger die Bildführung, die beeindruckte, als das Ereignis des friedlichen Konzertierens der beiden künstlerischen Repräsentanten der westlichen und östlichen Welt.

Symphonische Musik

Bei reinen Orchesteraufnahmen gestaltete sich die Bildführung am schwierigsten. Mit dem Problem, daß der Dirigent dem Publikum den Rücken zuwandte, hatte sich schon Oskar Messter in seinen Dirigentenfilmen vor dem Ersten Weltkrieg auseinandergesetzt. Seine Lösung, ihn mit dem Blick aufs Publikum in die Orchesteraufnahme einzuspiegeln, war für das realistische Fernsehen nicht tragbar. Man postierte möglichst unsichtbar eine Kamera ins Orchester, die den Dirigenten von vorn erfaßte, und überließ es dem Zuschauer, mit dem Achsensprung fertig zu werden, der sich bei Bildschnitten zwischen den vor dem Orchester stehenden Kameras und der Dirigentenkamera ergab. Wenn es die Örtlichkeit zuließ – wie bei Sälen mit umlaufendem Rang – stellte man die Kamera seitlich auf, um das räumliche Zueinander der Instru-

mentengruppen und des Dirigenten annähernd richtig wiederzugeben.
Bei der Übertragung größerer Klangkörper oder auch von Instrumentengruppen werden keine wesentlichen Aktionen erkennbar, das Bild wirkt statisch und wird auch durch Bildschnitte von Gruppe zu Gruppe – der musikalischen Entwicklung entsprechend – wenig belebt. Deswegen war man bemüht, die Instrumentengruppen – oft gegen den Widerstand der Dirigenten – weiter auseinander, »inselartig« oder auch erhöht auf Praktibel zu setzen und durch Kamerabewegungen und Wechsel auf Naheinstellungen optische Aktion zu schaffen. So reizvoll Detaileinstellungen beim kammermusikalischen und solistischen Musizieren sein können, so problematisch werden sie bei Orchesteraufnahmen. Soweit es sich um eine Gegenüberstellung von Solo und Tutti handelt, ergeben sich dabei gute Wirkungen. Bei komplizierteren Partituren jedoch laufen solche Bildaktionen oft ohne Zusammenhang mit der Musik ab oder stören sie sogar. In einem vielschichtigen Musikstück läßt sich die Entwicklung nicht wie der Ball in einem Fußballspiel verfolgen. Man denke an komplizierte Partituren wie Olivier Messiaens Turangalila Symphonie, die im Fernsehen aufgezeichnet wurde. Die besten Übertragungen von symphonischer Musik gelangen bisher dem Musikregisseur Klaus Lindemann. Mit Hilfe audiovisueller Partituren, aus denen die Kameraleute ihre Auszüge erhalten, gestaltet er einen dem Fluß und der Dynamik des jeweiligen Werkes wie auch der Interpretation entsprechenden Bildablauf, der die fixen Standpunkte der Kameras weitgehend vergessen läßt und die übliche Folge von stehenden oder bewegten Bildern in eine – genau wie die Komposition – erst im Ablauf entstehende »Bildmusik« auflöst. Das Technische des Übertragungsverfahrens tritt bei einer solchen Arbeitsweise völlig in den Hintergrund.
Am zwanglosesten wirken im Fernsehen Musikübertragungen von Orchesterproben. Die aus der Musik ent-

stehende und durch die Zusammenarbeit zwischen Dirigenten und Musikern sich entwickelnde »Handlung« gibt der Regie legitime und jedermann verständliche Möglichkeiten zur optischen Auflösung. Dabei werden nicht nur die Ausstrahlungen des Dirigenten spürbar, auch die Orchestermusiker treten aus ihrer Anonymität heraus. Probenaufzeichnungen, die den Stempel besonderer Dirigentenpersönlichkeiten trugen und den Reiz des Dabeiseins vermittelten, gab es zum Beispiel von Ferenc Fricsay, mit dem Radio Symphonie Orchester Berlin (Z. Kodaly »Hary-Janos-Suite«, Regie Rolf Unkel) von Sergiu Celibidache mit dem Symphonie Orchester des Schwedischen Rundfunks (I. Strawinsky »Feuervogel«, Regie Lars Egler), von Herbert von Karajan mit dem Berliner Philharmonischen Orchester (L. van Beethoven 5. Symphonie, Regie Henri Georges Clouzot). Clouzot, Meister des hochgespannten psychologischen Films, tat in der Bildführung ungefähr in allem das Gegenteil von dem, was L. Salter anempfahl. Er baute wirkungsvolle Bilder auf, bei Solopartien zeigte er bildfüllende Instrumentengruppen – in größerer Besetzung als in der Partitur angegeben. Die Aufnahmen in verschiedenen Gruppierungen und in verändertem Licht wurden in »alogischen« Schnitten aneinandergereiht. Die Leitidee mag gewesen sein, durch eine derart statische Bildführung die innere Dramatik der Musik und des Musizierens wirksam werden zu lassen. In Publikumsstimmen, die von »priesterlichem Musizieren« sprachen, kann eine Bestätigung dafür gesehen werden. Da die Bildaufnahmen nach Playback gemacht wurden, entstand bei den Musikern wie beim Dirigenten bisweilen der Eindruck des Posierens statt eines lebendigen Musizierens.

Musik und Raum

Ähnlich wie bei der akustischen Aufnahme der umgebende Raum einer Musik die rechte Perspektive ver-

leiht, kann er bei der optischen Übertragung wesentlich für das Musikerlebnis werden. Studioaufnahmen vor neutralem Hintergrund erlauben zwar günstige Orchesteraufstellungen, wirkungsvolle Lichteffekte, raffinierte Kameratricks, die in Konzertsälen nur schwer durchzuführen sind und der musikalischen Analyse eines Werkes dienen können, bedeuten aber für den Normalzuschauer leicht abstrahierte Musik. Bei Aufnahmen in Räumen, die der Art und dem Stil der Musik entsprechen, kann eine optische Atmosphäre entstehen, ohne daß die architektonische Umgebung besonders in den Vordergrund gerückt würde. Symphonische Konzerte erhielten ihre besondere Note durch die Architektur der Säle, in denen sie erklangen, wie z. B. der Neuen Philharmonie in Berlin, des Großen Saals des Musikvereins in Wien.
Eurovisionssendungen, Intervisionssendungen, Bandaustausch könnten derartigen Fernsehkonzerten noch weit mehr Bedeutung verleihen als sie zur Zeit haben.
Die geistliche Musik, die heute meist am falschen Ort, im Konzertsaal, aufgeführt wird, konnte durch das Fernsehen wieder an die richtige Stelle in die Kirche gesetzt werden und damit nicht nur räumlich ihre Wirkung vergrößern, wie z. B. bei Aufnahmen aus der Markuskirche in Venedig (C. Monteverdi »Vesperae Beatae Mariae Virginis«), oder aus dem Stephansdom in Wien (J. Haydn »Nelsonmesse«). Sie sind Programmhöhepunkte des Fernsehens an kirchlichen Feiertagen geworden.

Musik und Bild

Das Fernsehen kann auch die entsprechenden Pendants aus der Bildenden Kunst (Architektur, Malerei, Bildhauerei) zur Musik bringen. Einer der ersten Versuche war die Illustration von J. S. Bachs »Air« aus der D-Dur-Suite mit gotischer Architektur gewesen (BBC 1936). Seitdem hat man nicht aufgehört, Musik bildlich zu beleben. Klischees aus Musikfilmen boten sich an. Die einfachste

Art war die Postkartenillustration. Unter einem Lindenbaum sang ein Wiener Sängerknabe F. Schuberts Lied in der Maske des Komponisten (»Schubert Serenade«, Regie Leopold Hainisch). Eine verfeinerte Methode war: Karolin Kaart schritt plaudernd durch ihr luxuriöses Appartement und ließ sich durch Bilder und Requisiten zu Liedern anregen. Eine groß angelegte Bildausdeutung schuf der Regisseur Truck Branss zu dem Deutschen Requiem von J. Brahms. Für jeden der sieben Sätze fand er analog dem Text ein Bildthema, das entsprechend dem Duktus der Musik entwickelt wurde (Leidtragende, Friedhöfe, Grabmäler usw.). Die herbstlichen Aufnahmen wurden der Stimmung der Musik angepaßt. Theodor W. Adorno sagte dazu: »Verschandelung von Musik durch Edelkitsch.«

Wie man auch über derartige Illustration von Musik durch bildliche Andeutung ihres »Inhalts«, der im vokalen Werk klar ausgesprochen wird, denken mag – das Prinzip ist nicht verwerflich, es kommt nur auf die Art der Ausführung an.

Ein anderer Weg war, bildliche Analogien zu instrumentaler Musik zu finden, wie etwa bei dem erwähnten Beispiel von Bachs »Air«. Das Französische Fernsehen stellte auf der Picasso-Ausstellung 1967 in Paris einen Fernsehfilm her, in dem I. Strawinskys Pulcinella-Ballett mit Zeichnungen, Bildern, Skulpturen Picassos illustriert wurde.

Den ersten Schritt zu fernseheigenen Bildtonschöpfungen tat 1965 Mauricio Kagel zusammen mit Alfred Feussner in seinen »Antithesen« (NDR). 1966 folgte »Match« für zwei Violoncelli und einen Schlagzeuger (WDR). Sie gingen noch von vorhandenen Kompositionen aus, übersetzten sie jedoch völlig ins Filmisch-Technisch-Spielerische. Typen einer neuen »visible music« entstanden 1967 in »Solo für einen Dirigenten« (Ironisierung des Pultstars) und 1968 mit »Duo« von Dieter Schnebel (Regie Mauricio Kagel).

Klaus Lindemann hatte beim 3. Programm des WDR gewissermaßen einen Materialkatalog für eine Bildmusik geschaffen, die mit Aufbietung aller technischen Möglichkeiten und Tricks aktiviert wird. Den konsequentesten Weg in der Mischung der Materialien, Darstellungen und Stile (mixed media) ging Carlheinz Caspari in seinen Maschinenspielen (auf Sprache, Geräusche und Tingulys Maschinenmusik).

Hansjörg Pauli, langjähriger musikalischer Leiter des 3. Programms des NDR kommentierte, daß im Spannungsfeld des Akustisch-Visuellen sich das neue Medium Fernsehen mit Bestrebungen der Neuen Musik träfe. Die Experimentalfilme der zwanziger Jahre hatten nichts anderes im Sinn gehabt.

Ein interessantes Experiment unternahm das Westdeutsche Fernsehen; es gab sechs Regisseuren die Aufgabe, A. Schönbergs »Begleitmusik zu einer Lichtspielszene« ins Bild zu setzen.

Zahlreich sind die Porträts, die sich neuerdings meist der Technik des »Cinéma Vérité« bedienen und in einer Art »optischen« Features Realaufnahmen zusammenstellen, wie z. B. »Casals at 88« der ABC, das 1965 den Prix Italia erhielt. Modelle zu derartigen Sendeformen hatte die BBC seit 1936 entwickelt. In der Reihe »The Conductor speaks« waren Persönlichkeiten wie Thomas Beecham, Leopold Stokowski zu Worte gekommen. Für die Komponisten wurde sie modifiziert in »The Composer speaks«. Arthur Bliss sprach z. B. über die Entstehung seines Krönungsmarsches für Queen Elizabeth.

Eine besondere Form der »Distanzverringerung« zwischen Normalzuschauer und Musik war im Bayerischen Rundfunk entstanden. Der Gastgeber, Kurt Wilhelm, der Musikant und musikalische Erzähler, Ludwig Kusche, der Kulturhistoriker, Hans Gebhart, nach seinem Tode Hugo Hartung, und eine Künstlerpersönlichkeit plauderten über Musik und Musiker. Wie improvisiert erklang dabei Musik, wurden Bilder gezeigt, gab es Einblendungen aus dem Konzertsaal und von der Bühne.

25. Opernübertragung aus dem Studio 1 am Reichskanzlerplatz in Berlin. Jacques Offenbach »Ein Ehemann vor der Tür«

26. Altberliner Posse im Studio in der Ringbahnstraße Berlin-Schöneberg. Dolly Radikowsky und Günter Keil

27. Szenenbild aus dem Multimedia-Stück »Canzona« von Dieter Schönbach mit Carla Henius. Aufzeichnung aus der Akademie der Künste Berlin

Die Wort-Musiksendungen des Fernsehens sind denen des Rundfunks überlegen. Besteht dort die Gefahr, die Musik zu zerreden, so bietet sich hier der Vorzug, sie zu veranschaulichen. Wenn P. Casals junge Cellisten unterrichtet, kann er es vormachen, wie ein Meister spielt, man sieht die Bogenführung, den Fingersatz usw. Wenn Joachim Kaiser in seinen Essays über »Text und Ton« in Mozarts Opern spricht, oder Marcel Prawy in seinem »Opernführer« blättert, machen die eingeblendeten Szenen aus Opernaufführungen die ganze Welt der Bühne lebendig und die Probleme des Musiktheaters anschaulich. Probenberichte schließlich, wie sie über Bühnen-Aufführungen von Carl Ebert, Walter Felsenstein, Herbert von Karajan, Wieland Wagner gemacht wurden, kann nur das Fernsehen vermitteln.

Ballett

Wie einst Schallplatte und Rundfunk die Musik, so zog das Fernsehen – wie zuvor der Film – Tanz und Ballett an. Die flüchtigen Künste zu fixieren, schien geradezu Aufgabe der technischen Medien, wenn sich auch die namhaften Tänzer nur zögernd dazu bereit fanden. Was im Film gelang, stieß im Fernsehen auf Schwierigkeiten.

»Ballett is a space art, which television is short of«, sagte man bei der BBC, wo schon in der Frühzeit des Fernsehens mit dem Ballett experimentiert wurde (André Hovard, John Cranko, Peter Chamley). Meist zog man es vor, Ballette im Studio neu zu arrangieren, indem nur die Hauptdarsteller und ein Viertel der Tänzer auftraten und die Tanzfläche verringert wurde.

»Das Klassische Ballett ließe sich durchs Fernsehen übertragen wie die Symphonie durch Telephon«, äußerte Manfred Gräter, der für die Musik im 3. Programm des Westdeutschen Fernsehens verantwortlich zeichnet. Als

Paradoxon bezeichnete der Regisseur Arne Arnbom das Ballett im Fernsehen, der eine Reihe hervorragender Ballettinszenierungen im schwedischen, österreichischen und deutschen Fernsehen besorgte.

Während der Choreograph sich um eine geschlossene Konzeption bemüht, sucht der Bildregisseur nach Großaufnahmen, um Ausdruck ins Bild zu bekommen. Das aber stört oder zerstört sogar den Bewegungsfluß der Choreographie. Der Bühnenbildner will mit seinen Dekorationen Ort und Stimmung für die Balletthandlung geben. Im Fernsehbild lenken sie leicht von der Aktion der Tänzer ab, zwingen den Regisseur zur Bild-Totale, in der sich die Tanzhandlung verflüchtigt, während bei der Nahaufnahme sich unverständliche oder störende Details hinter den Tanzenden aufdrängen. Der Kamerablick von oben auf die Tanzfläche ergibt eine Art Ballettpartitur, wird aber beim Corps de Ballet auf dem Fernsehschirm problematisch, da die Details verloren gehen. Was also tun, um das Ballett fernsehgerecht zu machen?

Einfache Dekorationen, Lichteffekte statt szenischer Mittel, kammermusikalische Choreographie – ähnlich wie Michael Fokine es in Anna Pawlowas »Der Sterbende Schwan« – Musik C. Saint-Saens – vorgeformt hatte, und als Kernforderung, wie A. Arnbom es mit der schwedischen Choregraphin Birgit Cullberg in »Frau am Meer« erarbeitete – eine Choreographie von dem Blickfeld der Fernsehkamera her, also genau umgekehrt wie auf der Bühne in einem sich öffnenden Winkel. Bei einer derart angelegten Choreographie ergeben sich auch mit starren Kameras ausgezeichnete Wirkungen, wie z. B. in der Gemeinschaftsproduktion des Österreichischen Fernsehens mit dem Sender Freies Berlin »Medusa« mit der Musik von Gottfried von Einem.

Mit der Übertragung des gängigen Ballettrepertoires, ausgeführt von den örtlichen Compagnien und ihren Stars, begann das Fernsehen, ein neues Publikum für die Tanzkunst anzuwerben, die wie die Musik international ver-

ständlich ist und in unserer Zeit eine Renaissance erlebt.
Seit Mitte der fünfziger Jahre entstand eine stattliche Reihe von fernseheigenen Ballettkompositionen, die teils mit kleinen Besetzungen und speziellen Instrumentengruppierungen, teils mit konkreter und elektronischer Musik arbeiten, wie z. B. von Erwin Hartung »Strafkolonie« (nach Franz Kafka, Choreographie Tatjana Gsovsky, Regie Willi Schmidt, Sprecher Klaus Kammer) in der Aufzeichnung des SFB oder von Pierre Henry »La Reine Verte« (Choreographie Maurice Béjart).

Oper im Fernsehen

Während auf der Bühne die Opern von R. Wagner, W. A. Mozart, R. Strauss, G. Verdi und G. Puccini noch immer am häufigsten aufgeführt werden, hat man sich im Rundfunk um eine Erweiterung des Repertoires bemüht. Das Fernsehen befand sich in einer zwiespältigen Lage. Als Massenmedium schien es geradezu prädestiniert, das musikalische Theater in audiovisueller Form überallhin zu verbreiten. Eine Opernübertragung im Fernsehen kann an einem Abend mehr Zuschauer erreichen als ein Operntheater in Jahrzehnten. Das spräche für ein konventionelles Programm. Andererseits erwiesen sich Stücke als fernsehwirksam, die auf der Bühne selten oder nie gespielt werden wie manches aus der Gattung »Singspiel«, »Opéra Buffa«, »Opéra Comique«, wie Kurzopern und Einakter. Die technische Entwicklung und die Erfahrung haben auch die anfängliche Scheu vor dem großen Musikdrama gemildert, Spielopern haben eindeutigen Anklang gefunden, so daß heute Opernspielplan, im traditionellen Sinne, und Musiktheater, im Sinne des tönenden Bildschirms, nebeneinander herlaufen. Die Diskussion um die Oper im Fernsehen erhitzt sich auch heute noch meist um die Frage »Live oder Playback«. Man hatte mit direkten Übertragungen aus dem Studio begonnen wie

Jahre zuvor beim Rundfunk. Die Schwierigkeiten waren beträchtlich, die Räume klein, die Spielfläche also begrenzt.
Bei Übertragungen aus dem Theater wurde es nicht einfacher. Die Kamerapositionen wurden durch die örtlichen Verhältnisse – die Zuschauer durften nicht allzu sehr gestört werden – eingeschränkt. Wesentlich einfacher war es natürlich, nach dem Playback-Verfahren zu arbeiten, das im Film bereits mit Erfolg praktiziert worden war, bei der Anwendung im Fernsehen jedoch heftige Diskussionen hervorrief. Die Tonaufnahmen konnten dabei unter optimalen Bedingungen vorproduziert werden. Bei der Sendung hatten Sänger, Kameraleute und Regisseur weitgehende Freiheiten in der technischen und künstlerischen Bildgestaltung.
Konsequent hatte im Deutschen Fernsehen der Regisseur Kurt Wilhelm das Playback-Verfahren angewendet, erstmals 1956 in der Eurovisionssendung zum 200. Geburtstag von W. A. Mozart mit der »Entführung aus dem Serail«. Er ließ die Sängerpartien durch Schauspieler doubeln. Wenn das Darmstädter Echo seinerzeit schrieb: »Das Technische steht der Kunst im Wege. Das kann nur zu seelenlosem Automatentum führen. Die Stimme ist doch nicht vom menschlichen Gesicht zu trennen«, so übersah es dabei, daß der Spiel- und Musikfilm ohne die Synchronisation gar nicht mehr zu denken war. Wenn Antoine Goléa von der »perversen, unmoralischen Mantscherei« sprach, die nur als Kinderkrankheit des Fernsehens anzusehen wäre, so mag er dabei die Reputation und Karriere der Sänger im Auge gehabt haben, die bei dem Double-Verfahren vielleicht Gefahr liefen, einen Markt zu verlieren. Es gab ebensoviele positive Stimmen wie z. B. »L'exemple vient du Munique« (Paris Presse), »Es wird in Zukunft nur noch diese Form der Oper im Fernsehen geben« (Abendzeitung München). Nun, das Playback-Verfahren hat sich gehalten, die Live-Sendungen haben nicht aufgehört, und auch das Double-Ver-

fahren wird noch angewandt. 1960 synchronisierte die BBC z. B. G. Puccinis »Madame Butterfly« mit japanischen Schauspielern – eine Unternehmung, der man den Sinn nicht absprechen kann. Im Grunde war und ist der Streit um die Verfahren müßig, denn sie stellen nur technische Vorgänge dar, der szenischen Musik zu bestmöglicher Wirkung auf dem Bildschirm zu verhelfen. Maßgebend für die Beurteilung kann nur das im einzelnen Fall erzielte Resultat sein.

Die »unmögliche« Kunstform »Oper«, die seit 250 Jahren lebt, stellte auch dem Fernsehen noch ungelöste Probleme und lebt trotzdem dort auch schon Jahrzehnte. Im Durchschnitt der letzten Jahre stand monatlich etwa eine Oper im Programm der Fernsehstationen. Noch hält man meist an der Landessprache fest und macht bei Gemeinschaftsproduktionen verschiedensprachige Fassungen. Bei weiterer Differenzierung der Programme wird es eines Tages auch fremdsprachige »Original-Fassungen« geben, wie sie der Rundfunk heute kennt. Als Schrittmacher für die Oper im Fernsehen machten sich Lionel Salter und Rudolf Cartier bei der BBC, Peter Hermann Adler bei der NBC, Herbert Graf in Amerika und Italien, Karl O. Koch beim Westdeutschen Rundfunk, Herbert Junkers beim Norddeutschen Rundfunk und später beim Zweiten Deutschen Fernsehen, Winfried Zillig beim Norddeutschen Rundfunk, Wilfried Scheib beim Österreichischen Fernsehen einen Namen.

Fernsehen und Musik

Das Fernsehen ist noch jung. In Europa war es wie der Rundfunk von Anfang an politisch-kulturelle Institution, in Amerika befand es sich in der Hand von Handel und Wirtschaft, die mit Kultur Werbung treiben. Hier wie dort wurde es zum »Kulturwarenhaus«. In Amerika werden »Erfolgsprogramme« produziert und exportiert – ähnlich wie früher beim Hollywood-Film, aber das Fernsehen (und der Hörfunk) hat in der Geschichte der amerikanischen Oper eine bedeutende Rolle gespielt, wie Gilbert Chase in seinem Buch »Die Musik Amerikas« schrieb. Im Deutschen Fernsehen gewinnen nach dem englischen Vorbild neben den bisherigen von Journalisten, Publizisten und Künstlern gestalteten Programmen die von Wissenschaftlern und Pädagogen geleiteten Bildungsprogramme an Bedeutung, aber »in den zu Kollektiven erstarrten Anstalten ist das schöpferische Individuum in der Krise«, wie Otto Gmelin in seiner »Philosophie des Fernsehens« schrieb. Man kann nicht erwarten, daß das Fernsehen heute schon mit bestmöglichen Programmen aufwartet, die dem Publikum zur Erbauung und den Künstlern zum Gewinn unterhaltsame Kultur und Unterhaltung von Niveau bieten, wo unser Kulturleben zwischen hemmendem Historismus (alles Alte ist wertvoll) und gesteigerter Neomanie (nur das Neueste hat Lebensrecht) aufgespalten ist. Das Fernsehen ist berufen, die Kultur der Gegenwart mitgestalten zu helfen. In Amerika wurden drei Jahrzehnte der sentimentalen »Soap Opera« (als letzte 1960 »The Romance of Helen Trent«) von Kompositionsaufträgen zu Fernsehopern an Komponisten wie Gian Carlo Menotti und Igor Strawinsky abgelöst. In den europäischen Fernsehländern entstanden und entstehen Fernsehopern und Ballette, aber wird von Auftraggebern und Schaffenden immer an den ganzen Bereich der Programmmöglichkeiten des Fernsehens gedacht und an eine Form und Aussage, die der Gesellschaft des Heute dient, also nur am Gestern anknüpfen und auf das Morgen vorbereiten kann?

Bei der noch heute bestehenden Unsicherheit über die tatsächlichen Wirkungen des Fernsehens und die Wirksamkeit der zur Zeit üblichen Programm-Modelle hat man überall dem Publikumstest besondere Aufmerksamkeit gewidmet.

Ob das »nose counting« – wie man in der Frühzeit der BBC zur Publikumsbefragung sagte – oder die »dictator-

ship of percentage« – wie es in Amerika hieß – die Institutionen weiter bringt, wird sich erweisen müssen.
Wenn H. H. Stuckenschmidt die Frage erhebt: »Lenkt das Fernsehen von der Kunstmusik ab und zur Unterhaltungsmusik hin?«, so ist das bei einem audiovisuellen Medium noch weniger die Frage der Musik als beim Rundfunk, sondern vor allem die des optischen Angebots. Für das Niveau ist also weniger der Verbraucher als der Lieferant verantwortlich. Oper, Operette und Ballettmusik sind im Rundfunk eine Realität geworden, wie viel eher sollten sie es im Fernsehen sein. Als Richtschnur bei der Bildgestaltung mag die Formel der BBC gelten: »the more significant the music, the less the producer should fuss it.« Joachim Kaiser schrieb: »Musik ist unphotographierbar nur dann, wenn das optische Ergebnis populärer sein soll als es die Musik selbst ist.«
Neben der kulturpolitischen Aufgabe der Verbreitung der Künste ist es Aufgabe des Fernsehens, eigene künstlerische Ausdrucksformen zu finden. Maßstäbe wurden gesetzt durch die Internationalen Festivals in Prag und Berlin, in Montreux und Monte Carlo, durch internationale Kongresse in Salzburg und Wien.
Das Fernsehen hatte von Anfang an mit geringeren Widerständen zu kämpfen als Schallplatte, Film und Rundfunk. Die technische Entwicklung ging außerordentlich rasch vor sich. Ablehnung oder Gegnerschaft seitens der Künstler gab es nach dem Siegeszug von Platte, Film und Funk gegenüber den technischen Medien kaum noch. Der Rundfunk finanzierte den Aufbau des Fernsehens mit. Ein günstigerer Start für ein Kommunikationsorgan war nicht zu denken. Das aber legt ihm größere Verpflichtungen an Verantwortung als dem Rundfunk auf. Wie die technische Entwicklung auch weitergehen mag, ob zur Farbe der Stereoton und die Breitwand noch hinzukommen, die künstlerische Durchdringung und der ausgestrahlte Geist machen den Wert und die Bedeutung des Fernsehens aus.

Schluß

Massenmedien und Musikzivilisation

Die Erfindung der Schallaufzeichnung hatte die Behauptung des heiligen Augustinus »Was immer ertönt, geht vorbei, und man wird darin nichts finden, das man wieder in Gebrauch nehmen und durch die Kunst gestalten könnte« überholt. Die Welt der Töne ist nicht nur fixierbar und reproduzierbar geworden, sie ist nicht mehr an Raum und Zeit gebunden, sondern sie kann auch beliebig oft vervielfältigt, wiederholt und beliebig weit verbreitet werden. Aus einem einmaligen Ereignis ist Allgegenwart geworden.

An der Schwelle der für die Musik so bedeutsamen technischen Revolution hatten ihre Erfinder manches davon vorausgeahnt, Thomas Alva Edison 1878 mit den zehn Punkten für die Anwendung seines Phonographen, Emil Berliner 1888 mit der Vision über sein Grammophon: »The happy day, when future generations will be able to condense within the space of twenty minutes a tone picture of a single lifetime.«

Aber Edinson war auch einer der bedeutendsten Schrittmacher der »Motion Pictures«, des Apparates, »der die Photographien beweglich, lebendig macht«, wie er selbst formulierte. Charles Pathé, der erstmals die Idee hatte, Edisons Kinetoskop mit der Schallplatte zu verbinden, hatte 1901 prophezeit: »Das Kino wird das Theater, die Zeitung und die Schule von morgen sein.«

Die Propheten von heute sehen weniger die Inhalte, die durch die Medien vermittelt werden, als die Medien selbst als das Wesentliche an. So definierte der Kanadier Marshall McLuhan (in seinen Büchern »Understanding Media« und »The Medium is the Message«) die vier Epochen der

gesellschaftlichen Evolution als die orale der präliteralen Stämme, die der Schrift, die der Drucktechnik und das Zeitalter der elektronischen Medien. McLuhan wertet die technologischen Wechsel zwischen diesen vier Epochen als Triebkräfte für die gesellschaftlichen Veränderungen und leitet davon auch die seelischen Verwandlungen des Menschen ab. Die Erfindung der Buchdruckerpresse eröffnete das Zeitalter der Massenproduktion und des Fließbandes, aber sie förderte auch die individuelle Erkenntnis, steigerte das Informationsangebot, entwickelte das kausale Denken. In der »elektronischen Epoche« der Gegenwart sieht McLuhan die Abkehr vom linearen Denken und die Hinwendung zum sensuellen Entstehen, zu einer Irrationalen Welt, in der die technischen Medien (allen voran das Fernsehen als allumfassendes Medium) Bewußtseins-»Massage« vollziehen. Die Welt mit ihren Veränderungen und Erschütterungen findet im Lebenskreis des einzelnen, im Menschen selbst, statt.
Im Gegensatz zu McLuhans technologischem Mythos mit positivem Vorzeichen haben Otto Gmelins Gedankenspiegelungen zum Fernsehen (in seinem Buch »Philosophie des Fernsehens«) kritische Tendenzen. Das sinkende Niveau der Programme wird als Verrat am schöpferischen Individuum, an Demokratie und gesellschaftlicher Entwicklung gewertet, die Berufung auf das Publikum als oberflächliche Deutung oberflächlicher Befragung von Oberflächenmeinungen. Dem entsprechen die pessimistischen Äußerungen, die über den Einfluß der Technischen Mittler in Mode gekommen sind. Da heißt es, sie drängen den Einzelmenschen in eine passive Rolle, sie zwingen ihm Meinung und Geschmack auf, sie werden zum Erlebnisersatz und sie werten die mitgeteilten künstlerischen Inhalte ab. Für den Bereich der Musik wurden die Begriffe der »homogènisation«, »médiocrisation« und des »nivellement« geprägt (die etwa mit Gleichmacherei, Pflege des Mittelmäßigen und Verflachung zu übersetzen sind). Obwohl die Technischen Mittler im Grunde nur die

menschlichen Sinnesorgane verlängert, vergrößert, verschärft und das menschliche Gedächtnis in Bild- und Tonspeichern perfektioniert haben, scheinen sie das Bild zu verändern, das sich der Mensch von der Welt macht oder das diejenigen, die sie handhaben, ihm von der Welt suggerieren.
Werner Korte stellte (in seinem Buch »De Musica«) die Frage, ob sich die ganze Musikzivilisation von heute als überflüssig erweisen würde, wenn die Technischen Mittler aufhörten, sie zu verbreiten. Schallplatte und Rundfunk gäben ohnehin nur noch sterile Suggestion, der Jazz wäre ausgelaugt, die Neue Musik hätte nur Interesse für die Fachleute, und die Elektronische Musik schließlich wäre enthumanisiert. Aber Korte gab auch zu, daß Schallplatte und Rundfunk zum sozialen Prestige gehörten. (»Das habe ich auf Schallplatte mit Herbert von Karajan!«).
Musik stellt heute also einen realen Wert dar, und es gibt mehr Musik auf der Welt denn je. Ein Aufhören der Musikzivilisation würde folglich eine empfindliche materielle, habituelle und ideelle Lücke hinterlassen. Die Pausenzeichen der Sendestationen, vom tickenden Wecker der Berliner Funkstunde bis zu den elektronischen Klängen des Hessischen Rundfunks, vom Paukensignal (nach dem Morsezeichen für den Buchstaben V = Victory) des Europäischen Dienstes der BBC bis zur Eurovisions-Fanfare (nach einem Thema aus dem Tedeum von Marc-Antoine Charpentier) sind zu Symbolen von politischer, geistiger, künstlerischer und allgemein menschlicher Partnerschaft und Zusammengehörigkeit geworden.

Angebot und Gebrauch der Medien

Rundfunk und Fernsehen fordern von dem Verbraucher nur eine geringe Aktivität, sie kommen seinen Lebensgewohnheiten entgegen und liefern ihm ein vielfältiges Programmangebot gewissermaßen zum Einheitspreis ins Haus. Schallplatte und Film müssen intensivere Werbung

treiben, um ihr Publikum zum Handeln zu bewegen. Sie fordern mehr Entgegenkommen vom Verbraucher. Die Schallplatte entschädigt dafür mit ihrem enormen Angebot und spricht Besitzerstolz und Sammlertrieb zugleich an. Der Film ist im Angebot gegenüber dem Fernsehen ins Hintertreffen geraten, bietet aber dafür die größere Intensität des Gemeinschaftserlebnisses.
Der Gebrauch von Platte und Film aus freiem Entschluß begünstigt die Einstimmung auf Medien oder Werk und dient damit dem »phantasy seeking«, Erholung, Entspannung, Genuß. Der bequeme Gebrauch von Hörfunk und Fernsehen erfolgt normalerweise ohne äußere oder innere Vorbereitung und dient dem »reality seeking«, also Information, Belehrung und weniger künstlerischer Faszination.
Dabei absorbiert das Fernsehen als konkretes Medium die Aufmerksamkeit des Verbrauchers mehr als der Hörfunk, der jedoch der Phantasie und damit der künstlerischen Ansprache mehr Spielraum gewährt. Gleiches gilt für das Verhältnis von Film und Schallplatte. Anderseits liefern Film und Fernsehen mehr Individualität durch das Bild.
Rundfunk und Schallplatte sprechen mehr zu dem einzelnen. Sie können ihn heute überallhin begleiten (Transistor-Radio, Autoradio, Koffergrammophon, Tonkassetten-Recorder) und beziehen ihn doch in die unsichtbare große Gemeinde der Musikhörer ein.
Das Fernsehen von heute hat viele Gesichter. Es ist, wie der polnische Bühnenbildner Ignacy Witz sagte, »weder Film, noch Rundfunk, noch Bildzeitung«. »Es bringt wie kein anderes Medium die Wirklichkeit ins Haus und verfälscht sie auch wieder nach eigenen Gesetzen; es regt die Phantasie an und erschlägt sie wieder«, wie Hans Heigert im Bayerischen Fernsehen formulierte. Es kann nach den Worten des italienischen Fernsehregisseurs d'Allessandro »künstlerischen Ausdruckswert und künstlerische Wirklichkeitsdarstellung vermitteln«.

Der Zuschauer vor dem Bildschirm befindet sich also in durchaus verschiedenen Situationen, die abwechselnd etwa der des Kino- oder Theaterbesuchers, des Lesers Illustrierter Zeitungen und der des Rundfunkhörers ähneln können.
Auch Sprecher, Darsteller und Sänger gelangen in den technischen Medien zu ganz verschiedenen Wirkungen. Der charakteristischen Stimme, der ausdrucksvollen Gestaltung, wie sie die akustischen Medien brauchen, stehen die durch kunstvolles Make up und raffinierte Lichtgebung idealisierten Figuren des Films gegenüber, wobei die Wirkungen der Stimme sekundär werden. »Fernsehstars dagegen scheinen« – wie Gerhard Maletzke in seiner »Psychologie der Massenkommunikation« ausführte – »von den Zuschauern eher als normale, hart arbeitende Menschen betrachtet zu werden.« Den Grund dafür sah Maletzke darin, »daß die kritische Distanz des Rezipienten zur Aussage wie zum Kommentar beim Fernsehen in der Regel größer ist als beim Kinofilm«. Für Darsteller und Sänger heißt das: Telegen ist die Persönlichkeit, echt im Spiel und Mimik, ausdrucksstark in Wort und Ton, und nicht Diva und nicht Beau der Leinwand, Primadonna und Mime der Bühne, Stimmakrobatin, Belcantotenor und Flüsterbariton des Lautsprechers. Die versachlichende Wirkung des Fernsehens mag mit zur Regulierung unseres Kulturlebens beitragen helfen, dem – wie Theodor W. Adorno mit Blick auf die Musik sagte – »Entideologisierung« nottäte.

Die industrielle Revolution und der Musiker

Die industrielle Revolution der Musik hinkte der allgemeinen technischen Revolution um fast ein Jahrhundert nach. Die Folgen für Musiker und Musik sind noch im Gange. Die ersten Schläge waren die Auflösung der Kinoorchester des Stummfilms. Dann wurden zu Aufnahmen bei Schallplatte, Rundfunk, Film und Fernsehen nur noch die

Spitzenkräfte herangezogen und ihre perfekten Interpretationen als Muster vervielfältigt und verbreitet. Für die übrigen Musiker sanken die Chancen. Hardie Ratcliffe, Präsident der Internationalen Musiker-Föderation, schrieb: »In einer Hinsicht besteht zwischen dem Beruf der Musiker und anderen Berufen kein Unterschied: Nicht alle Berufsangehörigen verfügen über die gleiche Fähigkeit. Wenn wir in Zukunft genügend Orchestermusiker der höchsten Klasse – der Klasse, die für Schallplattenaufnahmen und Rundfunksendungen gefordert wird – wollen, so müssen wir für all jene eine Existenzmöglichkeit schaffen, die nach Absolvierung ihrer Studien erkennen, daß sie ebengenannte höchste Klasse nicht erreichen werden.«

Mit Verhandlungen und Streiks kämpften die Musikergewerkschaften um das Lebensrecht der Musiker und erreichten Beschränkungen der Sendezeiten für Schallplatten und Tonbänder im Rundfunk (um die Begrenzung der öffentlichen Vorführungen von Schallplatten wird noch gerungen), Beteiligung am Umsatz der Schallplattenindustrie durch Rundfunkeinnahmen und (in England und Amerika) das Verbot der Verwendung von Playbacks beim Fernsehen.

Die gigantische Musikspeicherung bei den Rundfunksendern und in den Schallplattenarchiven, die – wie der Mainzer Psychologe Albert Wellek meinte – zu einer Generalmobilmachung des musikalischen Analphabetentums führt, zwingt zu Schutzmaßnahmen für den Musikerberuf und vor allem den Nachwuchs. Die Institutionen und die Industrien werden selbst die Initiative ergeifen müssen, wenn sie konkurrenzfähig bleiben wollen.

Die veränderte Rolle der Musik

Die Industrialisierung der Musik hat ihre Stellung im sozialen Leben verändert. Man gab zwar auch früher Geld aus, um in die Oper zu gehen, um ein Konzert zu be-

suchen oder um Noten zu kaufen, der Wert der klingenden Musik war jedoch immateriell. Dadurch, daß Musik heute in technischer Perfektion, künstlerischer Vollendung, historischer Vollständigkeit und in vielseitigem Angebot gewissermaßen vom Fließband lieferbar ist, wurde sie Konsumgut wie andere Industrieerzeugnisse. Attraktiv aufgemachte Warenkataloge preisen die verschiedenen Musikgattungen an und bieten Sortimente aus allen Gattungen für jeden Geschmack.
Bei der »Kulturversorgung« durch Hörfunk und Fernsehen, die unabhängig vom Verbrauch zum festen Abonnementspreis (oder sogar kostenfrei wie in Amerika) gewährt wird, besteht die Gefahr, daß sich der Verbraucher übernimmt; denn nicht alles bekommt zu jeder Zeit allen. Die Vorstellung, daß es den Dauerhörer oder Seher geben könnte, müßte zum Alptraum derer werden, die Rundfunk und Fernsehen geschaffen haben oder sie praktizieren. Die Auswahl, der gelegentliche Gebrauch nur kann der Sinn einer solchen Kulturversorgung sein.
Die Verarbeitung der Musik, um beim Bild des Industrieproduktes zu bleiben, ist nur dann einwandfrei, wenn die Schlacken des technischen Verfahrens und insbesondere der Umsetzung in andere Medien (»Musik gesehen« z. B. oder auch paradoxerweise im Rundfunk »Musik vom Bildschirm«) nicht spürbar werden oder zumindest nicht stören. Bei einer durch die technischen Medien wie auch immer verfremdeten Musik (»musique dépaysée«) muß die ursprüngliche künstlerische Absicht erkennbar bleiben, sonst wird sie als mangel- oder fehlerhaft gewertet.
Die Herstellung von Musik in der kommerziellen Unterhaltung erfolgt oft nach zu engen Herstellungsnormen. Die nachgebildeten Modelle klingen durch, es wird nur kurzlebige Saisonware erzielt.
Bei der Herstellung elektronischer Klanggebilde ist das Gefälle zum Bekannten, an das der Verbraucher nur anknüpfen kann, dagegen vielfach zu groß. Die Unendlichkeit der elektronischen Klangwelt bedarf einer begrenzten

Vorauswahl, die dem Ohr erst Orientierung und Beziehung aufeinander ermöglicht.
Die Musikindustrie bedarf deshalb des Musikers, Tonmeisters, Musikdramaturgen, Musikregisseurs, wenn ihre Produkte den Aufwand rechtfertigen sollen; sie werden nur Bestand haben, wenn ihre Stoffe schöpferisch erneuert werden.
Wenn auch heute nicht mehr gilt, daß die Aura eines Kunstwerks durch seine Reproduzierbarkeit verkümmert (Walter Benjamin: »Das Kunstwerk im Zeitalter seiner technischen Reproduzierbarkeit«), so ist doch gewiß, daß seine Dauerhaftigkeit in seinen Erneuerungsmöglichkeiten liegt (Gisèle Brelet: »L'Interprétation créatrice«). Interpretationsstile und Moden werden in immer neuen Aufnahmen festgehalten werden und, wenn sie sich nicht mehr bilden, durch neue Moden der klangtechnischen Gestaltung ersetzt werden müssen. Daß die technischen Medien auf die Dauer nicht auf die schöpferische Erneuerung der Musik selbst verzichten können, bedarf kaum der Erwähnung. Wie sollten sie ihren Anreiz auf die Verbraucher aufrecht erhalten, wenn sie nicht mit neuer Kunst aufwarten könnten, die »in ihrer von Suchen und Unsicherheit gekennzeichneten Schönheit zu allem Werdenden spricht und die korrekten fertigen Macher verwirrt und empört« (Hans Werner Henze: »Essays«).

Wert und Preis der Musik

Vom »Nutz und Frommen« der Musik war seit altersher die Rede. Im Altertum kultischen Zwecken dienend, oft besonderen Kasten vorbehalten, in der Antike im Dienst der Erziehung, der Ethik, aber auch des Tanzes und des Rausches, waren ihre Wertbegriffe ständigem Wechsel unterworfen. Im 17. Jahrhundert war Musik »Seelenerquikkung« und »Gemütsergötzung«, im 18. Jahrhundert diente sie »bürgerlichem und häuslichem Glück« oder »geselligem und einsamem Vergnügen«, im 19. Jahrhundert wurde

sie philosophisch, formalistisch, romantisch idealisiert, aber verbreitete sich auch in Salons und unter Dilettanten als Musik, die »neben dem Tee so ganz gemütlich eingenommen wird«. Die viel beklagte Verflachung der Musik und der musikalische Kitsch entstanden lange vor der Erfindung der technischen Medien. Die Verbreitung des Klaviers seit Anfang des vergangenen Jahrhunderts mag mehr dazu beigetragen haben als das Grammophon oder der Rundfunk. So klagte Heinrich Heine 1843: »Jenes Pianoforte, das man in allen Häusern erklingen hört, in jeder Gesellschaft, Tag und Nacht ... Dieses Überhandnehmen des Klavierspiels und gar die Triumphzüge der Klaviervirtuosen sind charakteristisch für unsere Zeit und zeugen ganz eigentlich von dem Sieg des Maschinenwesens über den Geist.«
Die heutigen Kriterien richten sich auf technische, qualitative, tendenziöse Werte, auf Ästhetisches, Ideologisches, Soziales. Musik dient heute als Anreger von Bewegung und Gefühl, zu Genuß und Zerstreuung, zur Persönlichkeitsbildung (musische Bildung als Gegengewicht zur hochgezüchteten intellektuellen Bildung), zur »Gestaltung des gesellschaftlichen Bewußtseins« und dem Prestige. In jeder Generation werden die Werte der Vergangenheit vom eigenen Standpunkt aus umgewertet.
Der Hör- und Erlebniswert einer Musik steigt mit der Häufigkeit ihres Konsums oder entsteht überhaupt erst dadurch. Für den Komponisten von früher bedeutete das zunächst Gewinn an Ansehen und Ruhm und erst in zweiter Linie Geld. Aus dem Privilegienwesen, das seit dem 16. Jahrhundert – nach der Erfindung des Buchdrucks – Schutz gegen Nachdruck gewährte, entwickelte sich erst allmählich der Schutz des geistigen Eigentums (das preußische Gesetz von 1837 war das erste deutsche Urhebergesetz, die Gesetze von 1901 und 1907 schufen die Grundlage für das heute geltende und im Gesetz von 1965 zusammengefaßte Urheberrecht an allen Geisteswerken), den der Urheber heute in der gesamten Kulturwelt ge-

nießt. Zu einer befriedigenden Regelung der Beteiligung an den Aufführungen kam es erst nach Gründung der urheberrechtlichen Verwertungsgesellschaften (1850 der »Agence Centrale pour la Perception des Droits des Auteurs et Compositeurs de Musique« in Frankreich, 1903 der »Genossenschaft Deutscher Tonsetzer« in Deutschland). Die Anekdote über den französischen Komponisten G. Bourget, der in dem Pariser Konzertcafé »Ambassadeurs« seine Zeche gegen seine von der Kapelle unentgeltlich gespielten Kompositionen verrechnen wollte und den daraus entstehenden Prozeß gewann, mag als Auftakt für die Urheber-Organisationen angesehen werden. Mit der Ausbreitung der mechanischen Wiedergabe von Musik wurde das Aufführungsrecht seit 1909 auch auf Schallplatte, Rundfunk, Tonfilm und Fernsehen ausgedehnt.

Bei der Bewertung der Einnahmen der Urheber-Organisationen ergaben sich bald Schwierigkeiten. Die größten Summen häuften sich weder bei den an Ansehen berühmtesten Komponisten, noch bei den nach der Meinung der Kritiker wertvollsten Werken und auch nicht immer bei den vom Publikum am meisten geschätzten Stücken. Nicht die Qualität, wie sie auch immer zu bestimmen sei, sondern die Masse der aufgeführten Musik machte das Geld aus. Die Gesellschaften entschlossen sich zu einer Verteilung der Einnahmen aus den Aufführungsrechten, die »sowohl den materiellen wie den kulturellen Wert jedes Musikstücks berücksichtigen«. Ernste Musik wird höher als Unterhaltungsmusik, diese wieder höher als Tanzmusik und Schlager bewertet. In der östlichen Welt wird der »engagierten« Musik gleiche Bedeutung wie der Ernsten Musik eingeräumt. Bei der Vorliebe des deutschen Musikmarktes für ausländische Komponisten und fremdsprachliche Titel aller Sparten der Musik wird der Devisenabfluß von Jahr zu Jahr gefährlicher. Maßnahmen zum Schutz der einheimischen Musiker und Musikindustrie, wie sie andere Länder längst kennen, werden notwendig. Wohin die Umwertung von Musik in Geld führen kann, enthüllte der Prozeß um das Tonsignet der Tagesschau des Deutschen Fernsehens. Komponist (Hans Carste) und Arrangeur (Rudolf Kühn) stritten sich um den Löwenanteil der sechs Sekunden dauernden sechs Töne mit dem dazugehörigen Harmonien, die seit Jahren die Nachrichtensendung des Fernsehens einleiten und Hunderttausende »einspielten«. Die Entscheidung über die Qualität eines kurzen Motivs, die Bewertung eines periodisch im Programm wiederkehrenden Tonsymbols als Musikeinsatz und die Aufspaltung der künstlerischen Leistung in Einfall und Ausarbeitung zeigen die ganze Problematik einer finanziellen Einschätzung von Musik.

Programm und Programmverantwortung

Das Programm macht den Sinn der technischen Medien aus. Daß diese Tatsache immer wieder betont wird, beweist nur, daß es noch neuralgische Punkte gibt.
Goddard Lieberson, Komponist und Präsident der Columbia Recording Company, sprach von der Verantwortung der Schallplattenindustrie gegenüber dem kulturellen Fortschritt: »Es ist eine Verpflichtung der Industrie, die neue Musik zu fördern, um das Musikarchiv unserer Zeit zu schaffen. Die Musik der Avantgarde bringt im allgemeinen keinen großen Gewinn, wenn es dabei auch unerwartete Überraschungen gibt. Wir leisten uns diesen Luxus, weil wir ihn als Verpflichtung vor der Geschichte ansehen und weil unsere phänomenalen Verkäufe auf anderen Gebieten ihn ermöglichen.«
Luis Buñuel, noch immer Avantgardist des sozialkritischen Films, äußerte sich kritisch über das Normalprogramm des Kinos: »Ein durchschnittlich gebildeter Mensch würde mit Verachtung das Buch weglegen, das auch nur eines der Argumente enthielte, die in den ›größten‹ Filmen vorgetragen werden. Hingegen akzeptiert derselbe fast gebildete Mensch, komfortabel in einem dunklen Saal sitzend, ge-

blendet von Licht und Bewegung, die eine fast hypnotische Macht über ihn haben, fasziniert vom Reiz der menschlichen Gesichter und dem schnellen Wechsel der Orte, mit Gleichmut die abgedroschensten Gemeinplätze.«

Wolfgang Staudte, Idealist unter den Filmregisseuren, sucht nach Auswegen: »Aber zwischen denen, die die Filme finanzieren, und denen, die sie sich ansehen, liegen die, die die Filme formen. Die Autoren, die Regisseure, die Schauspieler. Sie könnten sich doch zu einer Union der guten Sache zusammenschließen. Am leichtesten hätten es die Stars. Denn sie sind für Verleiher und Produzenten hochdotierte Handelsware. Sie sollten sich dem Überflüssigen und dem Oberflächlichen verschließen, nicht jeder billigen Spekulation mit ihrem Namen und ihrem Talent Hilfestellung leisten, auch auf die Gefahr hin, daß sie vielleicht an Marktwert etwas riskieren – sie würden dafür eine Legitimation erhalten, die sie wirklich berechtigt, in unserer Gesellschaft eine so bevorzugte Rolle zu spielen.«

Was Kurt Magnus 1955 über das Rundfunkprogramm schrieb, hat noch heute unverminderte Gültigkeit: »Der Begriff ›Rundfunkprogramm‹ hat nichts gemein mit dem Programmbegriff des Theaters, des Konzertsaals oder einer anderen Einrichtung des Volksbildungswesens. Das, was wir gemeinhin Rundfunkprogramm nennen, ist niemals als eine Erlebniseinheit gedacht und kann auch nie dazu werden, weil kein Mensch imstande wäre, ein ganzes Tagesprogramm von 18 bis 20 Stunden Dauer über sich ergehen zu lassen, ein Programm, das ganz bewußt nacheinander die verschiedensten Bevölkerungsschichten anspricht und dabei Rücksicht nimmt auf die vermutliche Hörbereitschaft der einen oder der anderen Schicht zu dieser oder jener Stunde. Darüber hinaus gibt es noch einen Spielplan, vor allem im kulturellen Sektor und im Schulfunk, der jeweils für ein halbes Jahr ausgearbeitet und bekanntgegeben wird, ganz wie Spielpläne der Theater für das Winter- und Sommerhalbjahr. Der Rundfunk

hat als das größte Reproduktionsinstitut mit unbegrenzter Fernwirkung dem Kulturleben, insbesondere der Musikkultur gegenüber, die Rolle des Mäzens mitgeerbt, die früher der Krone und dem Patriziat zufiel. Er ist mitverantwortlich für die Erhaltung der Tradition und die Entwicklung des musikalischen und literarischen Schaffens. Er hat dafür Sorge zu tragen, daß das Musikleben vor Schäden der Mechanisierung und Zentralisierung bewahrt bleibt. Er soll als Produzent und Auftraggeber in der Qualität vorbildlich sein.«
Karl Holzamer, Intendant des Zweiten Deutschen Fernsehens, verkündete: »Aber das einzige, was zählt, ist das Programm – das Programm in seiner Gesamtheit, von den technischen Geräten und ihrer Bedeutung über die redaktionelle Bearbeitung und Auswahl des Stoffes bis zur finanziellen Überwachung der Produktion. Was bleibt, ist der sinnvolle Einsatz aller Kräfte für das eine Ziel: ein gutes Programm zu machen zum Wohle der Zuschauer.«
In den Institutionen liegt die Verantwortung für das Programm gegenüber den Satzungen bei den Intendanten. In der Periode des Wachstums der Stationen waren es künstlerische Persönlichkeiten, die die Satzungen erfüllten und auch dem Publikum gegenüber ihren Programmen eine bestimmte Richtung gaben wie z. B. Eberhard Beckmann, Friedrich Bischoff, Fritz Eberhardt, Adolf Grimme, Hanns Hartmann. Heute sind Juristen und Journalisten an ihre Stelle gerückt.
Zwischen Aufsichtsgremien und Interessenverbänden, zwischen Mehrheitsargument und kulturellem Auftrag suchen sie das Programm in Balance zu halten. Erfolgskontrolle wie das Aufspüren von Minderheiten aber sind gleich wichtig. Der Geschmack wandelt sich, »ist sozial bedingt, entsteht, lebt und stirbt innerhalb des sozialen Lebens, zu dem er gehört« (Alphons Silbermann).
Die Möglichkeit technischer Hochglanzpolitur sollte den wesentlichen Inhalten zuteil werden. Es wird immer weniger Unterhaltung geben, als das Publikum will. Für den

schlechten Geschmack aber sind nur die verantwortlich, die ihn suggerieren.

Die Devise der BBC »They are charged with catering for and developing the best cultural tastes of the public« scheint uns praktikabler als die »kulturelle Demokratie« (»What they like to have, what they want to see, what they are willing to pay money for«), von der ein amerikanischer Schallplattenhändler sagte: »Television keeps them home but doesn't keep them happy«. Denn das Publikum kann nicht wollen, was es nicht kennt. Die technischen Medien und die durch sie vermittelten Künste aber sind für das Publikum da und nicht umgekehrt. Es hat Schallplatte, Rundfunk, Film und Fernsehen bereitwillig angenommen. Anfang des Jahrhunderts hatte Joachim Ringelnatz gereimt: »Schallplatten, ihr runden, verschönt uns die Stunden.« 1925 schon sang der Volksmund Hermann Leopoldis Schlager »Die schöne Adrienne hat eine Hochantenne«. Kaum war der Tonfilm geboren, erklang Fred Raymonds: »Mein Bruder macht beim Tonfilm die Geräusche«. Und 1952, als in Deutschland das tägliche Fernsehprogramm begann, sang man Rudolf Roonthals: »Mein Liebling ist ein Fernsehstar«.

Das Publikum verdient, was Gotthold Ephraim Lessing für es forderte: »Achte nicht das Publikum gering und trachte es kennenzulernen, und bringe ihm, was du – es kennend – glaubst, ihm bringen zu müssen.«

Bildnachweis:

5, 6 mit freundlicher Genehmigung der Universal Edition Wien;
10, 11, 12 mit freundlicher Genehmigung der Deutschen Grammophon Gesellschaft, Hamburg;
17, 18, 19, 20, 22 Friedrich von Zglinicki;
24 mit freundlicher Genehmigung des Atlantis Verlages, Zürich;
1, 2, 3, 4, 7, 8, 9, 21 Privatarchiv Dr. Klaus Jungk;
13, 14, 15, 16, 23, 25, 26, 27 SFB-Archiv.

Buchreihe des SFB

Herausgegeben vom Sender Freies Berlin

Band 1 Fritz L. Büttner
Das Haus des Rundfunks in Berlin
96 Seiten, 27 Abbildungen auf Tafeln, Pappband

Band 2 **Die wahre Geschichte vom geschändeten und wiederhergestellten Kreuz**
128 Seiten, 29 Abbildungen, Pappband

Band 3 Peter Leonhard Braun
Urlaub in Cornwall
4 Features im Sender Freies Berlin.
100 Seiten, Pappband

Band 4 **Darauf kam die Gestapo nicht**
Beiträge zum Widerstand im Rundfunk
88 Seiten, Pappband

Band 5 Carlo Schmid
Der Weg des deutschen Volkes nach 1945
100 Seiten, 1 Porträt, Pappband

Band 6 Walter Bruch
Kleine Geschichte des deutschen Fernsehens
120 Seiten, 35 Abbildungen, davon 5 vierfarbig, Pappband

Band 7 Carlo Schmid
Deutschlands Weg in die Gegenwart
88 Seiten, 1 Abbildung, Pappband

Band 8 Alfred Braun
Achtung, Achtung, Hier ist Berlin!
88 Seiten, 19 Abbildungen, Pappband

Band 9 **Um uns die Fremde**
Die Vertreibung des Geistes 1933–1945
84 Seiten, 37 Abbildungen, Pappband

Band 10 Emil Dovifat
Der NWDR in Berlin 1946–1954
76 Seiten, 25 Abbildungen, Pappband